Realschule Enger
Lernkompetenz: Geschichte, Geografie, Politik, Religion
Bausteine für das 5. bis 10. Schuljahr

Realschule Enger

Lernkompetenz: Geschichte, Geografie, Politik, Religion
Bausteine
für das 5. bis 10. Schuljahr

 http://www.cornelsen.de

Gedruckt auf chlorfrei gebleichtem Papier
ohne Dioxinbelastung der Gewässer.

Bibliografische Information
Die Deutsche Bibliothek verzeichnet diese Publikation in der Deutschen Nationalbibliografie;
detaillierte bibliografische Daten sind im Internet über http: // dnb.ddb.de abrufbar.

Dieses Werk berücksichtigt die Regeln der reformierten Rechtschreibung
und Zeichensetzung.

5.   4.   3.   2.   1.   Die letzten Ziffern bezeichnen
07   06   05   04   2003   Zahl und Jahr der Auflage.

© 2003 Cornelsen Verlag Scriptor GmbH & Co. KG, Berlin

Redaktion: Gabriele Teubner-Nicolai, Berlin
Herstellung und Satz: Beate Schubert, Berlin
Layout: Julia Walch, Bad Soden, Beate Schubert, Berlin
Zeichnungen: Maja Berg, Berlin/Roland Beier, Berlin
Umschlaggestaltung: Bauer + Möhring, Berlin,
unter Verwendung einer Zeichnung von Klaus Puth, Mühlheim
Druck und Bindearbeiten: Clausen & Bosse, Leck
Printed in Germany
ISBN 3-589-21856-8
Bestellnummer 218568

Inhalt

Vorwort

Die vorliegenden Materialien wurden von Kolleginnen und Kollegen der Realschule Enger entwickelt, um das eigenständigen Lernen auch im Fachunterricht zu fördern. Die Bausteine setzen auf fachlicher Ebene das fort, was an der Realschule Enger seit mehr als fünf Jahren fächerübergreifend und integrativ an Schwerpunkttagen zum Thema „Förderung der Lernkompetenz" unterrichtet wird.

Das Curriculum ist im Rahmen des Projekts „Schule & Co.", einem gemeinsamen Projekt des Ministeriums für Schule und Weiterbildung Nordrhein-Westfalen und der Bertelsmann Stiftung zur Stärkung von Schulen im kommunalen und regionalen Umfeld des Kreises Herford, entwickelt worden. Die Intention dieses Curriculums liegt in der Hauptsache darin, allen Schülern der Realschule Enger den systematischen Erwerb wichtiger Basisqualifikationen im Schulalltag zu ermöglichen. Die Festschreibung des Programms einerseits sowie ein teamorientiertes Handeln aller Kollegen andererseits sichern den dauerhaften Erfolg des Konzepts zur Förderung der Lernkompetenz.

Das Curriculum ist
- in seiner zeitlichen Abfolge und im inhaltlichen Aufbau systematisch aufgebaut (vom Leichten zum Schweren, vom Einfachen zum Komplexen),
- folgt lernbiologischen und psychologischen Prinzipien (altersgemäße Inhalte, kleine Portionen, gehirngerechtes Lernen, Wiederholen und Vertiefen),
- spiralcurricular aufgebaut,
- leicht umsetzbar (kurze Einarbeitungszeiten für die Lehrkräfte),
- fächerübergreifend und integrativ,
- handlungs- und erfahrungsorientiert,
- für alle Lehrkräfte der Schule verbindlich
- und unterliegt einer ständigen Evaluation.

Curriculum Realschule Enger   Bausteine Lernkompetenz

	August	September	Oktober / November	Dezember / Januar	Februar / März / April	Mai / Juni / Juli
9. Klasse	Wiederholungszyklus	Mind-Mapping III		Projektarbeit		
8. Klasse	Wiederholungszyklus	Präsentationstechniken I	Präsentationstechniken II	Zeitplanung	Selbstüberprüfung	
7. Klasse	Wiederholungszyklus	Notizen	Informationsbeschaffung	Visualisierungstechniken	Brainstormingtechniken	
6. Klasse	Wiederholungszyklus	Lesetechniken	Markieren / Strukturieren	Klassenarbeiten	Mind-Mapping II	Arbeit mit Nachschlagewerken
5. Klasse	Methoden Einführungswoche	Hausaufgaben	Mind-Mapping I	Lernertypen mehrkanaliges Lernen	Effektiv Lernen	Mentales Visualisieren

An den Schwerpunkttagen ist der Fachunterricht aufgehoben. Die fünf- bis sechsstündigen Bausteine werden jeweils vom Klassenlehrer unterrichtet, der dadurch sukzessive mit sämtlichen Bausteinen vertraut wird und für die Ergebnissicherung verantwortlich ist. Wiederholungszyklen zu Beginn eines jeden Schuljahres gewährleisten die Wiederholung der erlernten Inhalte zur Förderung der Lernkompetenz.

Nachdem sich dieses Konzept zur Entwicklung von Lernkompetenz an der Realschule Enger durchgesetzt und nach mehreren Durchgängen bewährt hatte, entwickelte sich zeitgleich die Frage, wie die inhaltlich nicht an Fächer gebundenen Bausteine konkret im Fachunterricht integriert werden könnten. Uns war klar, dass nur eine besonders im Fachunterricht verankerte und vertiefte Arbeit mit den methodischen Inhalten der Bausteine zu einem veränderten Lernen und somit zu der von uns angestrebten Selbstständigkeit der Schüler führen kann.

Zunächst überprüften wir die Fachinhalte der schulinternen Lehrpläne: Wie und wann kann eine didaktisch-methodisch sinnreiche Verknüpfung mit den Bausteinen erfolgen? Es stellte sich sehr schnell heraus, dass die methodischen Inhalte zur Förderung der Lernkompetenz eine Bereicherung der methodischen Vielfalt im Unterricht bedeuteten. Die erarbeiteten Informationen zur ägyptischen Hochkultur beispielsweise mittels einer Mind-Map zusammenzufassen und als Testvorbereitung zu nutzen, macht nicht nur den Schülern Spaß, sondern schärft auch ihren Blick für die Schlüsselinformationen der erarbeiteten Fachinhalte. Dass ein Test nach einer derartigen Vorbereitung außerordentlich gut ausfällt, begeistert u. a. auch die Eltern und lässt Zweiflern ihre Gegenargumente ausgehen.

Das Curriculum Geschichte verdeutlicht beispielhaft die Verknüpfung der Fachinhalte mit den Bausteinen zur Förderung der Lernkompetenz für eines der Fächer aus dem Bereich der Gesellschaftswissenschaften. Diese Verknüpfung stellt keineswegs einen methodischen Schwerpunkt dar und steht nicht im Gegensatz zu den Forderungen der Rahmenrichtlinien des Landes Nordrhein-Westfalen. Ein Blick in die Ausführungsbestimmungen verdeutlicht dies:

„Jahrgangsstufe 6: Der Unterricht in der Jahrgangsstufe 6 soll die Schülerinnen und Schüler mit dem Fach Geschichte vertraut machen. Er soll sie an ein erstes Fachverständnis heranführen, indem er sie mit fachspezifischen Arbeitsbereichen und -formen bekannt macht, wie das Aufsuchen, Sammeln und Dokumentieren von Informationen unterschiedlicher Art einschließlich der mündlichen Überlieferung durch Zeitzeugen, das Arbei-

Curriculum Geschichte Realschule Enger
Fachinhalte, thematische Einheiten und methodische Schwerpunktlegung

	August / September	Oktober / November	Dezember / Januar	Februar / März	April / Mai	Juni / Juli
10. Klasse	TE 16b Nationalsozialismus	TE 17 Weltkonflikte PROJEKTARBEIT		TE 18 Deutsche Staatsgeschichte	TE 19 Integration	T 16 a Nationalsozialismus BRAINSTORMING
9. Klasse				TE 14 Geschichte eines nichteuropäischen Landes PROJEKTARBEIT	TE 15 Sozialismus	TE 9 Wanderungen
8. Klasse	TE 11 Demokratie und Revolution INFORMATONSBESCHAFFUNG		TE 7 / 8 / 10 Islam, Judentum, Neuzeit PRÄSENTATION	TE 12 Industrialisierung VISUALISIERUNGS-TECHNIKEN	TE 13 Imperialismus	
7. Klasse				TE 5 Europäisches Mittelalter INFORMATIONS-BESCHAFFUNG		TE 6 Christentum
6. Klasse	TE 0 Einführung TE 1 Ur- + Frühgeschichte LERNTYPEN	TE 2 Ägypten MIND-MAPPING		TE 3 Griechen MARKIEREN, STRUKTURIEREN	TE 3 Römer	TE 4 Umweltgeschichte

ten mit Quellen (Bildern, Artefakten, Texten u. a.), das Lesen und Interpretieren von Karten, Diagrammen u. Ä., das Erstellen von Chronologien und vieles andere mehr."

Die vom Kultusministerium gestellten Anforderungen an ein Methodenlernen lassen sich bei der Fülle der Lerninhalte aber nur dann gewährleisten, wenn alle Schüler bereits auf einen gemeinsamen Methodenfundus zurückgreifen können, sie also die entsprechende Lernkompetenz besitzen. In diesem Punkt bewährt sich das Curriculum der Realschule Enger ganz besonders. Der Rückgriff auf die Bausteine Mind-Mapping, Lesetechniken, Markieren/Strukturieren und Arbeit mit Nachschlagewerken erleichtert der Lehrkraft die Vermittlung gesellschaftswissenschaftlicher Fachmethoden ungemein.

Während in den Jahrgangsstufen 5 und 6 schwerpunktmäßig die Erarbeitung und Anwendung elementarer Lern- und Arbeitstechniken gefördert wird, nimmt die Komplexität in den höheren Klassenstufen zu. In den Jahrgangsstufen 8 und 9 liegen die Schwerpunkte des Curriculums neben der Vermittlung von Makromethoden (Projektarbeit) auf Methoden, die gewonnene und verarbeitete Informationen an andere weitergeben (Präsentationstechniken).

Um eine intensive Fortführung der Schwerpunkttage auch im Fachunterricht sicherzustellen, übernimmt z. B. das Fach Geschichte die Aufgabe, die Kenntnisse zur Technik des Präsentierens im Anschluss an den Schwerpunkttag PRÄSENTATION II in der 8. Klasse zeitnah und zensurenrelevant in den thematischen Einheiten zu vertiefen. Die Schüler erhalten für ihre Präsentationen eine Note, die sich zu 50 % aus der Qualität der Vortragstechnik und des Einsatzes von Medien und Materialien sowie zu 50 % aus dem präsentierten Inhalt zusammensetzt. Eine derartige Einbindung zeigt den Schülern, dass die Bausteine keine pädagogischen Eintagsfliegen, sondern auch Bestandteil der Leistungsbeurteilung und somit für sie von großer Bedeutung sind.

Das Gesamtkonzept zur Förderung der Lernkompetenz beruht somit auf vier Schritten:
1. Grundlegung einer systematischen Vermittlung und Erarbeitung von elementaren Lern- und Arbeitstechniken an Schwerpunkttagen
2. Implementierung von Trainingseinheiten in Abhängigkeit von inhaltlichen Themen im Fachcurriculum
3. Training und Verknüpfung mit fachspezifischer Methodik im Unterricht

4. Überprüfung und Bewertung der Prozesse zur Erlangung von Lernkompetenz im Fachunterricht (schriftlich und mündlich)

Da wir als Lehrerkollegium auf keinen bereits existierenden, fertig ausgearbeiteten Materialfundus zur Förderung der Lernkompetenz im Fachunterricht zurückgreifen konnten, mussten wir diesen Teil der Arbeit selbst übernehmen. Dabei ist die hier vorliegende Sammlung von Unterrichtsmaterialien entstanden. Wir haben bewusst darauf verzichtet, neue Quellen ausfindig zu machen. Vielmehr lag uns daran, die üblicherweise im Unterricht eingesetzten Quellen und Materialien in einen lernmethodischen Rahmen einzufügen, der kooperative Lernformen und eigenverantwortliches Lernen und Arbeiten fördert. Die in diesem Buch gesammelten Vorhaben und Sequenzen sind in erster Linie als Basisausstattung zur Förderung von Lernkompetenz gedacht, die einen veränderten Umgang mit Lerninhalten ermöglichen. Gleichzeitig hat die gemeinsame Arbeit am Material auch die teamorientierte Arbeit der jeweiligen Fachkonferenzen sehr bestärkt und gefördert.

Die vorliegenden Arbeitsblätter und Arbeitsvorhaben sind nach Fächern getrennt und nach ihrer inhaltlichen Komplexität aufsteigend sortiert. Die Sortierung richtet sich nach den Bausteinen. Inhaltliche Überschneidungen sind aufgrund der fächerübergreifenden Arbeit an unserer Schule nicht immer ausgeschlossen. Sämtliche Arbeitsblätter können selbstverständlich auch ohne die angeratenen methodischen Schwerpunkte verwendet werden. Einen Anspruch auf Vollständigkeit erhebt die vorliegende Sammlung nicht. Alle Unterrichtsbeispiele können mit anderen Inhalten in nahezu jedes Fach übertragen werden. Unterrichtsinhalte, die sich nicht mit den Bausteinen zur Förderung von Lernkompetenz vereinbaren ließen, wurden in die Sammlung nicht aufgenommen. Zur Verdeutlichung der jeweiligen methodischen Ausrichtung ist jedem Kapitel ein Arbeitsblatt (oder mehrere) vorangestellt, das als Grundlage für die methodische Vertiefung dient.

Einige der Bausteine beinhalten Methoden des kooperativen Lernens und Arbeitens (z. B. Expertenrunde, Galeriegang, Doppelstuhlkreis). Diese Methoden sind nicht explizit erklärt. Weitergehende Informationen darüber müssen in der Fachliteratur nachgeschlagen werden. Diese Methoden lassen sich jedoch leicht durch andere Organisationsformen des Unterrichts ersetzen. Die Kenntnis und Anwendung grundlegender Regeln einer selbstständigen Teamarbeit und die Einhaltung von Prinzipien der Kommunikation sind Voraussetzung für die Erarbeitung einer Vielzahl der Bausteine.

Folgende Schwerpunkttage liegen diesem Buch zugrunde und bilden die jeweiligen Kapitelschwerpunkte:

- Mind-Mapping
- Effektives Üben
- Lesetechniken
- Markieren/Strukturieren
- Nachschlagen
- Notizen
- Informationsbeschaffung
- Visualisierungstechniken
- Brainstorming
- Präsentation
- Projektarbeit

Alle Materialien finden sich auf der CD-ROM. Sie können heruntergeladen und den jeweils speziellen Bedürfnissen angepasst und verändert werden. Wir wünschen Ihnen bei der Arbeit mit den Materialien viel Erfolg, ob sie nun unabhängig oder im Zusammenhang mit der Förderung der Lernkompetenz unserer Schüler verwendet werden. Und womöglich entdecken Sie, dass Ihre Schüler schon bald einige elementare Techniken beherrschen, die nicht nur ihnen das selbstständige Lernen und Arbeiten erleichtern, sondern auch Ihnen als Lehrerin oder Lehrer das Unterrichten.

Über Rückmeldungen jeglicher Art freuen wir uns sehr.
Schreiben Sie bitte an:

Realschule Enger
Ringstraße 75
32130 Enger
Fax: 0 52 24/97 80 36
E-Mail: info@rsenger.de

Weitere Informationen zur Realschule Enger finden sie unter www.rsenger.de

MIND-
MAPPING

Das Mind-Mapping ist eine Anfang der 80er Jahre von Tony Buzan entwickelte Methode, die sich ganz hervorragend zum Sammeln von Ideen, dem Strukturieren von Informationen und der Erstellung oder Aufbereitung von Notizen eignet. Das Mind-Mapping ermöglicht mit seiner visuell organisierten Struktur insbesondere ein gehirngerechtes Lernen. Folgende Vorteile gegenüber linearen Aufzeichnungsformen haben sich in der Unterrichtspraxis herauskristallisiert:

- Beide Gehirnhälften sind beteiligt. Insbesondere die visuellen Lerntypen profitieren von der Methode.
- Das Mind-Mapping ist eine „offene" Methode, die Gedankensprünge zulässt.
- Mind-Maps sind nie fertig. Sie können als Gedächtnisstützen unterrichtsbegleitend eingesetzt werden.
- Mind-Maps verdeutlichen anschaulich hierarchische Zuordnungen und Strukturen.
- Die Schüler können Ideen sammeln und visuell strukturieren, Informationen auf Kerngedanken reduzieren, Ergebnisse präsentieren.

Die Anfertigung solcher „Gedächtniskarten" erfordert allerdings sehr viel Übung und auch Anleitung durch die Lehrkraft. Insbesondere die Reduzierung von Unterrichtsinhalten auf so genannte Schlüsselwörter oder Schlüsselbegriffe fällt den Schülern sehr schwer und muss daher gemeinsam mit ihnen erarbeitet werden.

Auf den folgenden Seiten finden sich verschiedene Anwendungsbeispiele und Möglichkeiten, Mind-Maps im gesellschaftswissenschaftlichen Unterricht in unterschiedlicher methodischer Intention einzusetzen.

Klasse	Methode/Einsatz	Inhalt	Fach
5/6	Auswertung eines Brainstormings	Geschichts- epochen	Geschichte
6	Vorbereitung für eine schriftliche Überprüfung	Ägypten	Geschichte
7	Vorbereitung einer Präsentation	Stadt im Mittelalter	Geschichte
9/10	Einstieg in eine Unterrichtseinheit	National- sozialismus	Geschichte
5–10	Ergebnissicherung	Weltreligionen	Religion
5	Thema strukturieren	Landwirtschaft	Geografie
5	Arbeit mit dem Atlas üben	Unsere europäi- schen Nachbarn	Geografie
5–7	Topografische Übung	Deutschland	Geografie
5–7	Topografische Übung	Europa	Geografie
5–7	Topografische Übung	Welt	Geografie

GESCHICHTSEPOCHEN – AUSWERTUNG EINES BRAINSTORMINGS

Ralf Dornbusch

Klasse 5/6
2 Unterrichtsstunden

Schüler brauchen Orientierungshilfen für das Verständnis von Geschichte und geschichtlichen Zusammenhängen. Eine Einteilung der Menschheitsgeschichte in möglichst übersichtliche und leicht verständliche Epochenzusammenhänge kann diese Orientierung bieten. Dass es in der Geschichtswissenschaft unterschiedliche Auffassungen gibt, Epochen zu klassifizieren, ist in diesem Zusammenhang von untergeordneter Bedeutung. Entscheidend ist, dass es für Lehrkraft und Schüler einen gemeinsamen historischen (in diesem beispielhaften Fall europazentrierten) Nenner geben sollte, der sich an einschneidenden Ereignissen festmacht. Ob der Wechsel vom Mittelalter zur Neuzeit an der Erfindung der Buchdruckerkunst, der Entdeckung Amerikas oder durch die Reformation festzumachen ist, liegt an den Begründungszusammenhängen, die im Unterricht erarbeitet werden müssen.

Der Einsatz des vorliegenden Arbeitsblattes setzt nicht nur die Kenntnis der Techniken des Mind-Mappings voraus, sondern auch die Grundlagen des Brainstormings. Die Einteilung der Geschichtsepochen hat in einer vorangegangenen Unterrichtsstunde stattgefunden.

Beispiel:

Ur- und Frühzeit	?	–	ca. 2500 vor unserer Zeitrechnung
Frühe Hochkulturen	2500 v. u. Z.	–	800 v. u. Z.
Antike	800 v. u. Z.	–	500
Mittelalter	500	–	1500
Neuzeit	1500	–	?

Ziele

- vorhandene Geschichtskenntnisse ermitteln
- Epochenzuordnung als Orientierungshilfe erarbeiten

Materialliste

- Je Schüler fünf Notizzettel
- Je Schüler ein Geschichtsbuch
- Ein Plakat der Anlage
- Je Schüler ein DIN-A4-Blatt

Planungsverlauf

A   Brainstorming

Die Schüler werden aufgefordert, Begriffe, Ereignisse und Namen, von denen sie glauben, dass sie einer Epoche zuzuordnen sind, auf fünf verschiedenen Notizzetteln zu notieren und zu sammeln (siehe auch das Kapitel Brainstorming).

B   Vergleich

Es wird ein Doppelstuhlkreis gebildet. Die Schüler bekommen zwei Minuten Zeit, zunächst ihre Ergebnisse zur Epoche Ur- und Frühgeschichte zu vergleichen. Danach findet ein Wechsel statt (z. B.: „Der Innenkreis wechselt fünf Plätze nach rechts."). Die Schüler tauschen ihre Sammlungen zu den weiteren vier Epochen aus. Es findet jeweils zu jeder Epoche ein Wechsel statt.
Die Schüler geben ihren Mitschülern Rückmeldungen darüber, ob sie Zweifel an der Richtigkeit der Ergebnisse haben. Die „zweifelhaften" Begriffe werden auf den Notizzetteln markiert.

C   Kontrolle

Die Schüler kontrollieren die „zweifelhaften" Begriffe in ihrem Geschichtsbuch. Sollten sie die Begriffe, Namen oder Ereignisse nicht finden, so fragen sie die Lehrkraft oder nutzen ein bereitgelegtes Lexikon.

Mind-Map

Die Schüler gestalten ihre Mind-Map und verschönern sie durch bildliche Darstellungen oder Symbole. Durch Los werden drei Schüler ausgewählt, ihre Mind-Maps zu präsentieren.

Anlage 1: Epochen-Mind-Map

Währenddessen sammelt die Lehrkraft die Ergebnisse und überträgt diese auf die große Mind-Map auf einem Plakat.
Zuordnungsfehler werden vom Lehrer korrigiert.

 Ergänzungen

Die restlichen Schüler ergänzen die Lehrer-Mind-Map mit noch nicht erwähnten Namen, Begriffen und Ereignissen.

 Ausstellung

Die Lehrkraft hängt das Poster mit den Ergebnissen auf, klärt Fragen und gibt einen Ausblick auf den weiteren Verlauf des Unterrichts.

ÄGYPTEN – SCHRIFTLICHE ÜBERPRÜFUNG

Ralf Dornbusch

Klasse 5/6
1 Unterrichtsstunde

Als Vorbereitung für einen Test eignet sich das Mind-Mapping hervorragend. Die Inhalte einer ganzen Unterrichtseinheit können auf einem einzigen Blatt zusammengefasst werden. Darüber hinaus werden die Schüler aufgefordert, Informationen auf Kerngedanken zu reduzieren, die sie anschließend wieder in ganze, ausformulierte Sätze übertragen müssen.
Grundlage der vorliegenden Mind-Map ist eine Unterrichtseinheit mit sieben Themenschwerpunkten (Geografie, Gesellschaft, Herrschaft, Bauwerke, Götter, Totenkult und Hieroglyphen) über fünf Wochen zum Thema Ägypten – eine Hochkultur. Die vorliegende Mind-Map ist nur ein Beispiel und muss selbstverständlich auf die jeweilige Unterrichtseinheit abgestimmt werden.

Ziele

- Zusammenfassen von testrelevanten Stichpunkten zum Thema Ägypten
- Strukturieren von Inhalten

Materialliste

- Je Schüler ein DIN-A4-Blatt

Planungsverlauf

 A   **Festlegen der Hauptäste**

In Zusammenarbeit mit den Schülern wird die Benennung der Hauptäste vorgenommen. Die Schüler erhalten Zeit, sich in ihrer Tischgruppe über maximal sieben Hauptäste zu verständigen. Sie sollen selbstverständlich ihre Unterlagen zu Hilfe nehmen.

Jede Tischgruppe präsentiert ihre Sammlung der Hauptäste.

 Gestaltung der Mind-Map

Anhand der festgelegten Hauptäste entwickelt die Lehrkraft durch Abfragen der Unterrichtsinhalte eine MindMap an der Tafel.

Anlage 1: Beispiel einer Mind-Map „Ägypten"

 Übertragen der Mind-Map

Die Schüler übertragen die Mind-Map in ihre Geschichtsunterlagen.

STADT IM MITTELALTER

Ralf Dornbusch

Klasse 7
5 Unterrichtsstunden

Stadt im Mittelalter ist eine Unterrichtseinheit im Rahmen der thematischen Einheit Mittelalter. Sollte der unterrichtliche Schwerpunkt sich mit anderen Themen des Mittelalters beschäftigen, so bietet sich hier die vorgeschlagene arbeitsteilige Herangehensweise an. Die Schüler erarbeiten sich in Gruppen einzelne Themenbereiche und werden Experten auf ihrem Gebiet. Ihre Zusammenfassung wird als Hauptast einer Mind-Map mit dem Thema „Stadt im Mittelalter" präsentiert. Sind alle Hauptäste präsentiert, so fügt sich alles zu einer großen Mind-Map zusammen, die in der Klasse ausgehängt wird.
In nahezu jedem Lehrwerk finden sich ähnliche Themenstellungen.

Ziele

- Thema mit 5-Gang-Lesetechnik und der Technik des Mind-Mapping erarbeiten

- Unterrichtsinhalte in einer Zusammenfassung präsentieren
- einzelne Themenbereich in einer Plakat-Mind-Map zusammenfügen

Materialliste

- Anlage 1 Klassensatz
- je Arbeitsgruppe ein DIN-A2-Blatt
- je Schüler ein DIN-A3-Blatt

Planungsverlauf

 A   **Mind-Maps erarbeiten**

Anlage 1: Aufgabenblatt „Stadt im Mittelalter"

Die Schüler wählen sich ein Thema aus dem Angebot aus. Die Gruppengröße sollte jedoch vier Schüler nicht übersteigen, damit sich alle an der abschließenden Präsentation beteiligen können.

- Markt und Mauern
- „Stadtluft macht frei"
- Handwerker bilden Zünfte
- Stadtregiment
- Sicherheit in der Stadt
- Frauen in der Stadt
- Juden im städtischen Alltag
- Handelsgesellschaften

Die Schüler erarbeiten sich zunächst die Inhalte ihres Themas. Nach Anfertigung einer Mind-Map treffen sich die Gruppenmitglieder.

 B   **Gruppen-Mind-Map übertragen**

Nachdem sich die Schüler auf einen gemeinsamen Inhalt geeinigt haben, werden die Informationen auf das vom Lehrer vorbereitete Plakat übertragen. Wichtig ist, dass die Mind-Map-Regeln eingehalten werden, damit das Gesamtbild anschließend einheitlich ist.

Vor dem Austeilen der Plakate müssen die einzelnen Plakatteile mit den jeweiligen Hauptästen bereits vorgefertigt sein, damit es keine Schwierigkeiten in der abschließenden Anordnung gibt.

Beispiel (jedes Rechteck entspricht einem DIN-A2-Blatt):

 Gruppen-Mind-Map präsentieren

Jede Gruppe präsentiert ihre Ergebnisse. Die restlichen Schüler notieren die Informationen auf ihrem Blatt (DIN A3). Die Präsentation der Ergebnisse kann im Plenum geschehen oder auch als arbeitsteilige Gruppenarbeit in Form einer Expertenrunde. Das setzt aber voraus, dass alle Gruppen gleich groß sind.
Nach Abschluss der Präsentationen ergibt sich ein geschlossenes Bild einer riesigen Mind-Map, die wieder als Grundlage für eine schriftliche Überprüfung dienen könnte.

NATIONALSOZIALISMUS – EIN EINSTIEG

Ralf Dornbusch

Klasse 9
1 Unterrichtsstunde

Die vorliegende Mind-Map ist der Einstieg in das Thema Nationalsozialismus. Sie dient als Informationsgrundlage für den gesamten Verlauf der Einheit. Jeder Ast ist als Informationsbasis zu verstehen, auf der sich weitere Verzweigungen ergeben müssen.
Die Schüler sind auf einen Blick bestens über den vom Lehrer geplanten Verlauf des Unterrichts informiert und können eigene Gedanken und Ideen zum methodischen Vorgehen entwickeln: „Können wir das Lied nicht einmal hören?" „Ich würde gerne ein NS-Plakat in Originalgröße sehen." „Gibt es Aufnahmen von den Olympischen Spielen in Berlin?" „Mein Großvater war in der HJ. Soll ich den mal einladen?"

Ziele

- sich einen Überblick über die Unterrichtsinhalte verschaffen
- die begonnene inhaltliche Struktur weiterentwickeln und durch weitere Informationen ergänzen

Materialliste

- Anlage 1 Klassensatz

Planungsverlauf

A **Mind-Map besprechen**

Anlage 1: Mind-Map „Nationalsozialismus"

Die Mind-Map wird vom Lehrer vorgestellt. Er gibt einen Ausblick auf die zukünftigen Inhalte. Die Schüler äußern ihre Assoziationen zu den Inhalten und einer möglichen methodischen Umsetzung (Rollenspiel, Zeitzeugen-Befragung, Plakatanalyse etc.). Der Lehrer notiert sich die Vorschläge und bemüht sich um die Organisation einer entsprechenden methodische Umsetzung.

B **Mind-Map weiterentwickeln**

Jeder Hauptast wird zum Thema einer eigenen Mind-Map gemacht (z. B. Ursachen, Massenwirkung, Ideologie etc.). Die neu hinzugewonnenen Informationen werden in der jeweiligen Mind-Map integriert.
Im Anschluss an die Unterrichtseinheit ist jeder Schüler im Besitz einer Vielzahl von Mind-Maps zum Thema Nationalsozialismus. Die Dokumentation der Notizen kann nun wieder zu Gesprächen Anlass geben. Der Informationsextrakt wird in einen frei formulierten und zusammenhängenden Text umgewandelt. Schüler stellen z. B. einzelne Themen anhand der Mind-Map einem Mitschüler oder der ganzen Klasse vor.

Anlage 1

WELTRELIGIONEN – SICHERUNG ODER TESTVORBEREITUNG

Tobias Kunze

Klasse 5–10
je 1 Unterrichtsstunde

Zur Sicherung von Unterrichtsergebnissen oder als Vorbereitung für eine schriftliche Überprüfung (weitere Möglichkeiten sind durchaus denkbar) eignet sich das Mind-Mapping hervorragend. Die Inhalte einer Unterrichtseinheit können auf einem einzigen DIN-A4-Blatt zusammengefasst werden. Grundlage der vorliegenden Mind-Maps ist eine Unterrichtseinheit über mehrere Wochen zu den fünf großen Religionen Christentum, Judentum, Islam, Hinduismus, Buddhismus (jede Unterrichtseinheit kann jedoch auch einzeln durchgeführt werden).

Ziele

- Zusammenfassen von relevanten Stichpunkten zu den fünf großen Religionen
- Strukturieren von Inhalten

Materialliste

- Je Schüler ein DIN-A4-Blatt

Planungsverlauf

 A — **Festlegen der Hauptäste**

In Zusammenarbeit mit den Schülern wird die Benennung der Hauptäste vorgenommen. Die Schüler erhalten Zeit, sich mit ihrer Tischgruppe über maximal sieben Hauptäste zu verständigen. Sie sollen selbstverständlich ihre Unterlagen zu Hilfe nehmen.

Jede Tischgruppe präsentiert ihre Sammlung der Hauptäste.

B   Gestaltung der Mind-Maps

Anhand der festgelegten Hauptäste entwickelt die Lehrkraft durch Abfragen der Unterrichtsinhalte eine Mind-Map an der Tafel oder auf dem OHP.

Anlagen 1–5 als Beispiele: Christentum, Judentum, Islam, Hinduismus, Buddhismus

C   Übertragen der Mind-Map

Die Schüler übertragen die Mind-Map in ihre Religionsunterlagen und ergänzen diese durch aussagekräftige Symbole.

LANDWIRTSCHAFT

Verena Speer-Ramlow

Klasse 5
1 Unterrichtsstunde

„Landwirtschaft" ist eines der ersten Themen der Klassenstufe 5. Allen Schülern ist die Landwirtschaft oder der Bauernhof ein Begriff. Sie wissen in der Regel viel darüber, erzählen gerne von Erlebnissen auf dem Bauernhof. Dieses Arbeitsblatt soll helfen, Wissen zu strukturieren und eventuell noch nicht bekannte Bereiche in einer ersten, groben Übersicht kennen zu lernen. Die Ergebnisse können als Grundlage für eine weitere ausdifferenzierte Behandlung im Unterricht genutzt werden.

Ziele

- Gedanken mit Hilfe entsprechender Oberbegriffe gliedern und strukturieren
- Mind-Mapping üben und Gedanken anhand der Mind-Map artikulieren

Material

- Anlage 1   Klassensatz oder als Folie für den OHP
- Anlage 2   Klassensatz oder als Folie für den OHP
alternativ:
- Anlage 3   Klassensatz

Planungsverlauf

A   **Erläuterung der Vorgehensweise**

Die Arbeitsblätter der Anlagen 2 und 3 können alternativ benutzt werden. Anlage 1 eignet sich als Schülerarbeitsblatt, dabei sollten die Begriffe ausgeschnitten und laut Arbeitsauftrag zu einer Mind-Map zusammengestellt werden, ebenso kann diese Aufgabe auch mit einer Folie am OHP sichtbar für alle Schüler gemeinsam erledigt werden. Die Lerngruppe sollte für die Bearbeitung dieses Arbeitsblattes gewisse Vorkenntnisse aus dem Bereich der Landwirtschaft haben (z. B. was „Hackfrüchte" sind).

Anlage 3 unterscheidet sich von Anlage 2 darin, dass außer den Begriffen für die Oberäste keine weiteren Begriffe vorgegeben werden, so dass ein Ergebnis durch eine Art Brainstorming erstellt wird. Hierfür sind keine Vorkenntnisse erforderlich.

Zur Bearbeitung des Arbeitsblattes sollten die Regeln des Mind-Mapping mit den Schülern noch einmal memoriert werden.

B   **Bearbeitung des Arbeitsblattes**

Anlage 1: Begriffe „Landwirtschaft"

Das Schülerarbeitsblatt wird ausgeteilt und die entsprechende Aufgabe erläutert.

Anlage 3: Mind-Map „Landwirtschaft"

Je nach Leistungsstand der Klasse sollte eventuell das Beispiel für einen Haupt- und einen Nebenast gemeinsam erarbeitet werden, so dass auf dieser Grundlage weitergearbeitet werden kann.

Für die Benutzung der Anlage 1 auf dem OHP muss die Folie (Anlage 2) zunächst zugeschnitten werden. Außerdem ist eine 2. Folie (Anlage 1b) mit dem „Grundgerüst" der Mind-Map (= zentrales Thema + 5 vorbereitete Linien für die Hauptäste) erforderlich.

Der Zeitrahmen für die Bearbeitung der Anlage 1 sollte großzügig mit ca. 25–30 Minuten, die Bearbeitung der Anlage 2 mit etwa 15 Minuten bemessen werden.

Die Arbeitsblätter eignen sich ebenfalls gut zur Partnerarbeit oder auch als Hausaufgabe.

C   Ergebnissicherung

Anlage 2a: Mind-Map „Landwirtschaft"

Die Ergebnisse der Schülerarbeit sollten mit Hilfe einer Folie verglichen werden, so dass die Lerngruppe die Ergebnisse sichtbar vor Augen hat.

Der Vergleich mit Hilfe einer Folie wird sich für Anlage 3 als schwierig erweisen. Es sollte bei beiden Übungsformen darauf geachtet werden, dass die Schüler die Ergebnisse mündlich vorstellen, damit sie auch das freie Sprechen mit Hilfe stichwortartiger Aufzeichnungen (Mind-Map) trainieren.

UNSERE EUROPÄISCHEN NACHBARN

Verena Speer-Ramlow

Klasse 5/6
1 Unterrichtsstunde

Bereits in den Klassenstufen 5 und 6 soll im Erdkundeunterricht nicht nur die Auseinandersetzung mit dem Nahraum erfolgen, sondern auch der Blick über Deutschland hinausreichen. Das Wissen über die topografische Lage der an Deutschland grenzenden Staaten ist dabei elementar, zumal viele Schüler verschiedene Staaten bereits durch Urlaubsreisen kennen gelernt haben.

Die Darstellungsform einer Mind-Map bietet sich zur Motivation an. Die Visualisierung mit Farben und Bildern erleichtert außerdem das Lernen.

Ziel

- Umgang mit dem Atlas üben
- topografische Kenntnisse erweitern
- Erkenntnisse in Form einer Mind-Map gliedern und visualisieren

Material

- Anlage 1   Klassensatz
- Anlage 2   wahlweise im Klassensatz
- Atlanten
- Farbstifte

Planungsverlauf

 A **Vorgehensweise**

Wenn nötig, die Regeln des Mind-Mapping noch einmal wiederholen. Anschließend werden der Lerngruppe die konkrete Aufgabenstellung erläutert und eventuelle Fragen beantwortet.
Die Mind-Map kann frei erstellt zu lassen oder der entsprechende Vordruck (Anlage 2) verwendet werden. Für das Ergebnis spielt es keine Rolle, da sich an der eigentlichen Aufgabe nichts ändert.

 B **Bearbeitung der Aufgabe**

Die Schüler bearbeiten die Aufgabe selbstständig, evtl. in Partnerarbeit. Wichtig ist, dass jeder Schüler die Möglichkeit hat, einen Atlas gut einzusehen (bei Einzelarbeit je Schüler ein Atlas, bei Partnerarbeit für zwei Schüler ein Atlas).
Für die Bearbeitung dieser Aufgabe sollte eine Schulstunde eingeplant werden. Leistungsstarke Klassen könnten auch zügiger mit der Bearbeitung fertig sein.
Bei langsamerer Bearbeitung kann der Rest gut als Hausaufgabe aufgegeben werden. Ebenso wäre der Lerneffekt größer, wenn die Mind-Map zu Hause noch einmal gründlich überarbeitet (verschönert) würde.

TOPOGRAFISCHE ÜBUNG – DEUTSCHLAND

Harald Müller

Klasse 5–7
1 Unterichtsstunde

Zu den topografischen Begleitübungen des Erdkundeunterrichts gehört die politische Gliederung Deutschlands. Hier bietet sich das Mind-Mapping an, da eine übersichtliche Menge hierarchisierter Begriffe gegliedert werden muss.

Ziele

- Strukturierung von Bundesländern und Städten
- Räumlich-politische Orientierung in Deutschland

Materialien

- Anlage 1   Klassensatz
- Atlas   Klassensatz
- Notizzettel   Klassensatz

Planungsverlauf

 A   **Brainstorming**

Erfahrungsgemäß liegen bei Schülern der 5. Klassen viele Vorkenntnisse über Bundesländer und Landeshauptstädte vor. Dieses Potential lässt sich nutzen, indem man die Schüler auffordert ein Bundesland oder eine Landeshauptstadt auf einen Zettel zu schreiben. Diese Zettel werden anschließend an der Tafel gesammelt und im Klassengespräch strukturiert.

Anlage 1: Arbeitsblatt „Deutschland"

Da diese Sammlung sicherlich unvollständig bleiben wird, teilt der Lehrer nun das Arbeitsblatt aus.

B　　　　　　　　　**Mind-Mapping**

Das Arbeitsblatt enthält genaue Arbeitsaufträge und ist als „Selbstläufer"
zu betrachten. Die Rolle des Lehrers reduziert sich auf eine rein moderative!
In dieser Funktion sollte er aber nicht nur auf fachlich-inhaltliche Fehler
achten, sondern auch die korrekte Anwendung der Mind-Map im Blick haben (vgl. Anlage 1 a Lösung).
Die für diese Übung verwendeten Beispiele beziehen sich auf den Diercke-
Weltatlas, wie er in den meisten Schulen verwendet wird.

TOPOGRAFISCHE ÜBUNG – EUROPA

Harald Müller

Klasse 5 – 7
1 Unterichtsstunde

Diese Übung hat die Aufgabe, die topografische Orientierung der Schüler
in Europa zu festigen und zu strukturieren. Überdies lernen die Schüler
territoriale Bezeichnungen kennen, wie sie fast täglich in den Medien verwendet werden.

Ziele

- Strukturierung von Sach- und Bildinformationen

Materialliste

- Anlage 1　　　　Klassensatz
- 1 Folie　　　　　Kasten auf dem Arbeitsblatt Anlage 1
- Wandkarte　　　Europa (politisch)
- Atlas　　　　　Klassensatz
- Lexikon　　　　2 – 3 Sätze (je nach Klassenstärke)
- 12 Klebeschilder

Planungsverlauf

 A   **Erarbeitung**

Der Lehrer legt die Folie (Anlage 1) auf und fordert die Schüler auf, sich die Begriffe durchzulesen. Im Klassengespräch werden die verschiedenen Hierarchieebenen erarbeitet und an der Tafel festgehalten.

 B   **Informationsverarbeitung/Mind-Mapping**

Nun erhalten die Schüler das Aufgabenblatt und arbeiten die Begriffe im Kasten in eine Mind-Map ein. Sind ihnen Namen wie „Benelux" oder „Baltikum" fremd, so stehen hierfür Lexika bereit.

C   **Sicherung**

Mit Hilfe einer Wandkarte oder Folie werden nun die 12 Teile Europas verortet. Der Lehrer schreibt z. B. „Benelux" auf ein selbstklebendes Schild und fordert einen Schüler auf, dieses an der richtigen Stelle an die Karte zu kleben und die dazugehörigen Staaten aus seiner Mind-Map zu nennen. So gewinnen die Schüler Gewissheit über die Richtigkeit ihrer Arbeit und die Begriffe werden verortet, d. h. kartografisch eingebettet (vgl. Anlage 1 a Lösung).

TOPOGRAFISCHE ÜBUNG – WELT

Harald Müller

Klasse 5 – 7
1 Unterichtsstunde

Diese Übung soll helfen die topografische Orientierung der Schüler in der Welt zu festigen und zu strukturieren. Überdies lernen die Schüler territoriale Bezeichnungen kennen, wie sie fast täglich in den Medien verwendet werden.

Ziel

- Strukturierung von Sach- und Bildinformationen

Materialliste

- Anlage 1   Klassensatz
- 1 Folie   Kasten auf dem Arbeitsblatt Anlage 1
- Wandkarte   Welt (politisch)
- Atlas   Klassensatz
- Lexikon   2 – 3 Sätze (je nach Klassenstärke)
- 12 Klebeschilder

Planungsverlauf

 Erarbeitung

Anlage 1: Arbeitsblatt

Der Lehrer legt die Folie auf und fordert die Schüler auf, sich die Begriffe durchzulesen. Im Klassengespräch werden die verschiedenen Hierarchieebenen erarbeitet und an der Tafel festgehalten.

 Informationsverarbeitung/Mind-Mapping

Nun erhalten die Schüler das Aufgabenblatt und arbeiten die Begriffe im Kasten in eine Mind-Map ein. Sind ihnen Namen wie „Persischer Golf" fremd, so stehen hierfür Lexika bereit.

 Sicherung

Mit Hilfe einer Wandkarte oder Folie werden nun die 7 Regionen verortet. Der Lehrer schreibt z.B. „Mittelamerika" auf ein selbstklebendes Schild und fordert einen Schüler auf, dieses an der richtigen Stelle an die Karte zu kleben und die dazugehörigen Staaten aus seiner Mind-Map zu nennen. So bekommen die Schüler Gewissheit über die Richtigkeit ihrer Arbeit und die Begriffe erfahren eine Verortung (vgl. Anlage 1 a Lösung).

Mind-Mapping   Geschichtsepochen

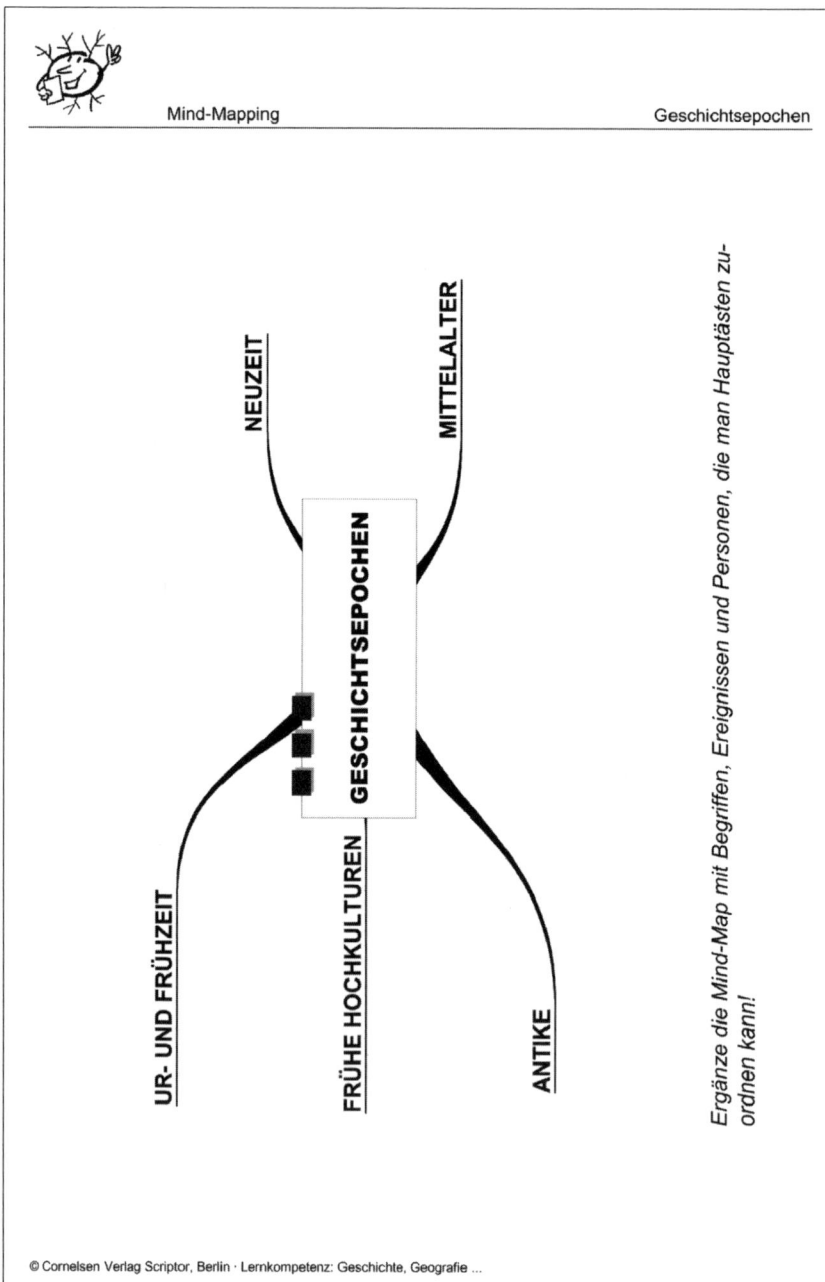

NEUZEIT

MITTELALTER

GESCHICHTSEPOCHEN

UR- UND FRÜHZEIT

FRÜHE HOCHKULTUREN

ANTIKE

Ergänze die Mind-Map mit Begriffen, Ereignissen und Personen, die man Hauptästen zu-ordnen kann!

Bitte diese Vorlagen von der CD-ROM ausdrucken.

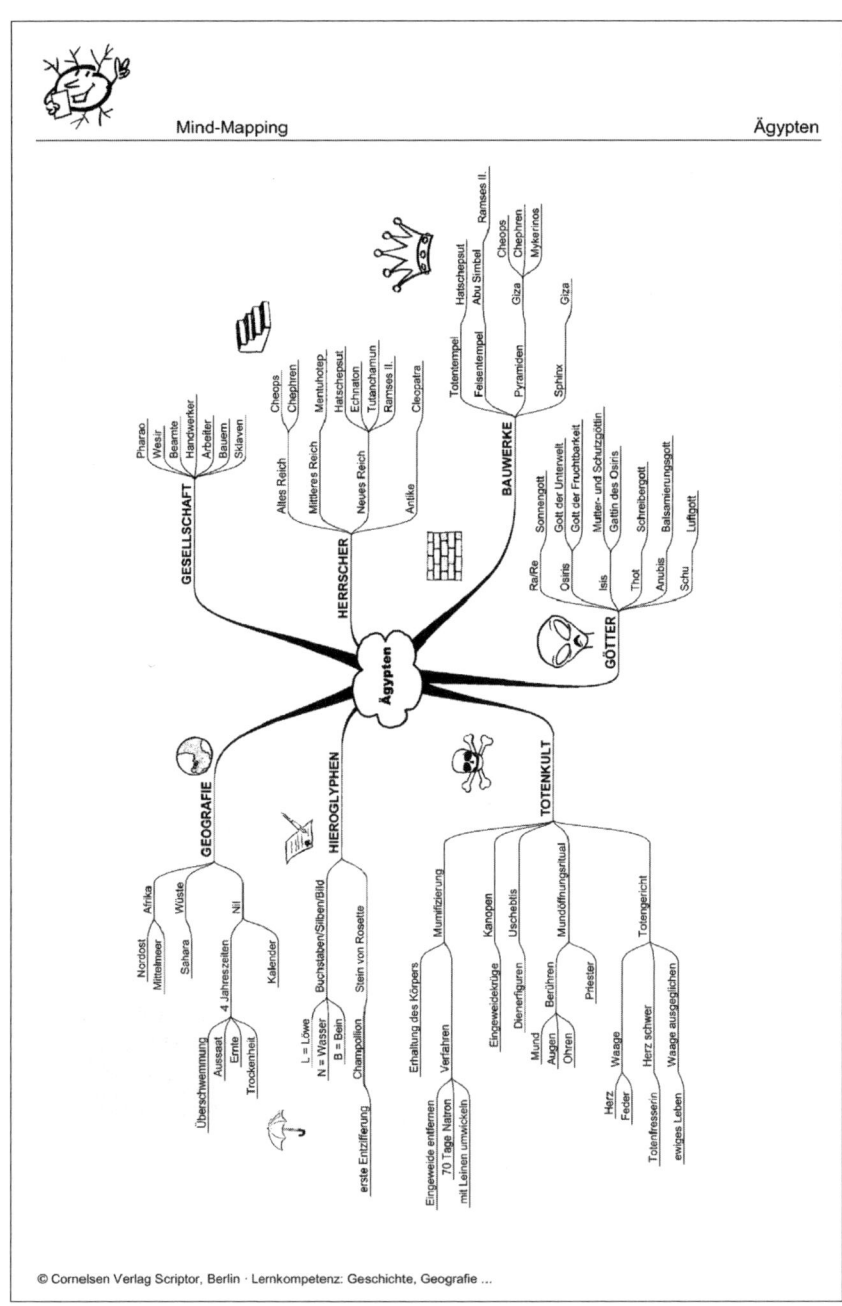

Mind-Mapping Ägypten

Ägypten

GESELLSCHAFT
- Pharao
- Wesir
- Beamte
- Handwerker
- Arbeiter
- Bauern
- Sklaven

HERRSCHER
- Altes Reich
  - Cheops
  - Chephren
- Mittleres Reich
  - Mentuhotep
- Neues Reich
  - Hatschepsut
  - Echnaton
  - Tutanchamun
  - Ramses II.
- Antike
  - Cleopatra

BAUWERKE
- Totentempel
  - Hatschepsut
- Felsentempel
  - Abu Simbel
  - Ramses II.
- Pyramiden
  - Cheops → Giza
  - Chephren
  - Mykerinos → Giza
- Sphinx → Giza

GÖTTER
- Ra/Re — Sonnengott
- Osiris — Gott der Unterwelt
- — Gott der Fruchtbarkeit
- Isis — Mutter- und Schutzgöttin
- — Gattin des Osiris
- Thot — Schreibergott
- Anubis — Balsamierungsgott
- Schu — Luftgott

GEOGRAFIE
- Nordost — Afrika
- Mittelmeer
- Wüste — Sahara
- Nil
  - Überschwemmung
  - 4 Jahreszeiten
    - Aussaat
    - Ernte
    - Trockenheit
  - Kalender

HIEROGLYPHEN
- Buchstaben/Silben/Bild
  - L = Löwe
  - N = Wasser
  - B = Bein
- Champollion
  - erste Entzifferung
- Stein von Rosette

TOTENKULT
- Mumifizierung
  - Erhaltung des Körpers
  - Verfahren
    - Eingeweide entfernen
    - 70 Tage Natron
    - mit Leinen umwickeln
  - Eingeweidekrüge
    - Kanopen
  - Dienerfiguren
    - Uschebtis
  - Mundöffnungsritual
    - Mund
    - Augen
    - Ohren
    - Berühren
    - Priester
- Totengericht
  - Waage
    - Herz
    - Feder
  - Herz schwer
    - Totenfresserin
  - Waage ausgeglichen
    - ewiges Leben

Mind-Mapping   Stadt im Mittelalter

Stadt im Mittelalter

Einzelarbeit

- Thema auswählen
- unbekannte Begriffe, Personen, Orte sammeln und erklären
- mit 5-Gang-Lesetechnik den Text bearbeiten
  1. Überfliegen
  2. Fragen stellen
  3. Schlüsselwörter unterstreichen
  4. Gründlich lesen
  5. Zusammenfassen
- Vorbereitung für Mind-Map (vorschreiben)

Gruppenarbeit

- Mind-Maps vergleichen und auf gemeinsamen Inhalt einigen
- Mind-Map auf das vorbereitete Plakat übertragen
- Äste mit Symbolen versehen
- vortragen (jede/r Schüler/in ist beteiligt!)
- Lob abholen

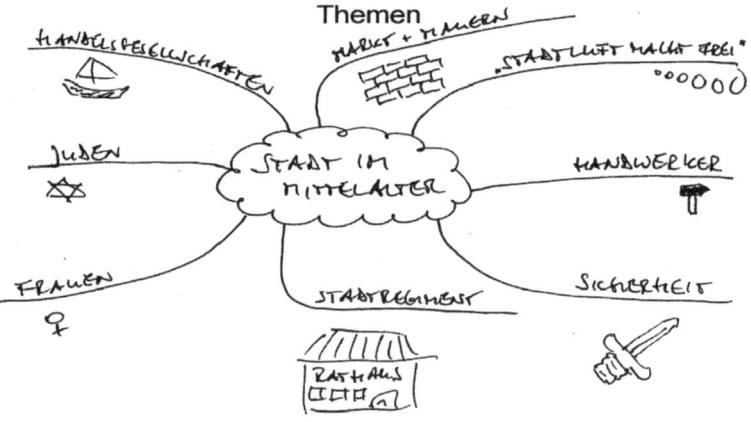

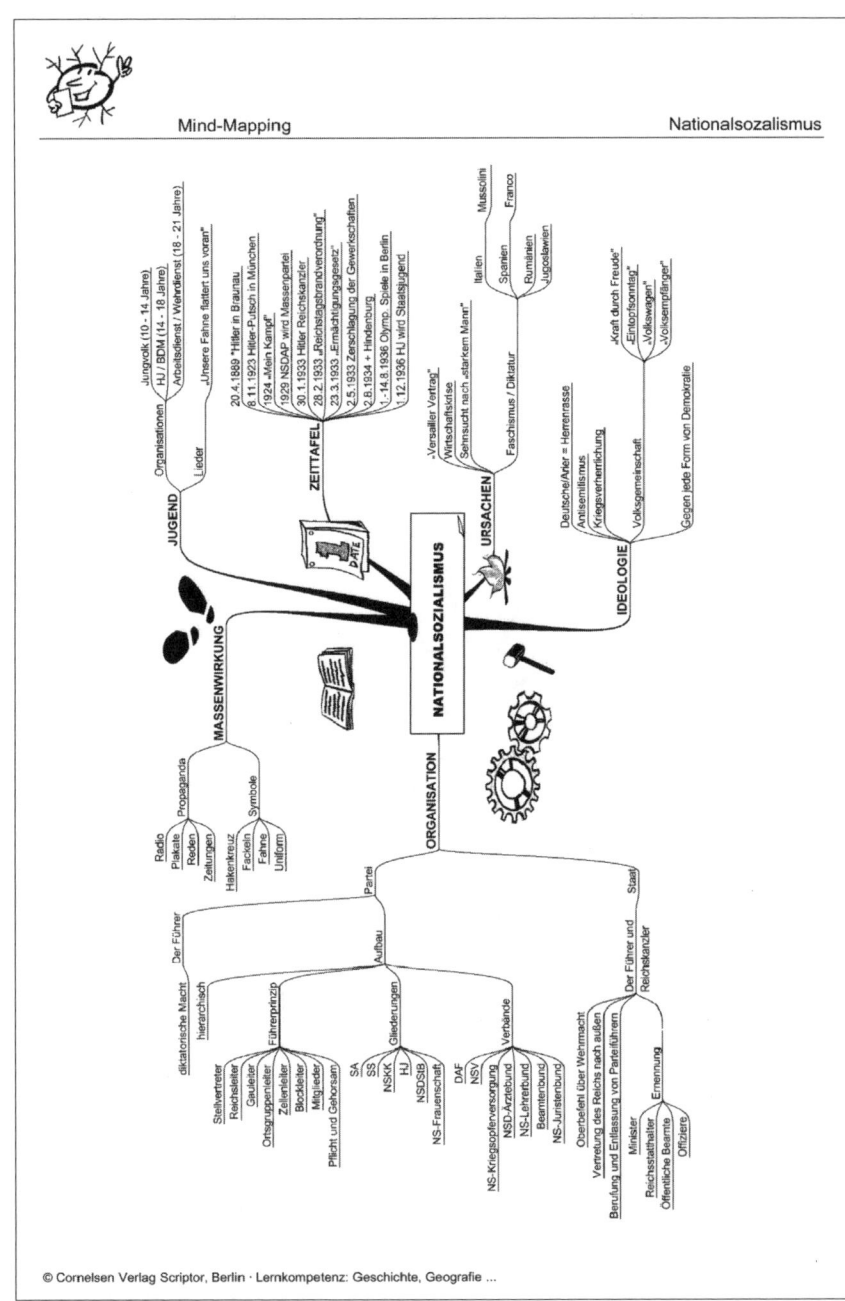

Mind-Mapping

Nationalsozialismus

© Cornelsen Verlag Scriptor, Berlin · Lernkompetenz: Geschichte, Geografie ...

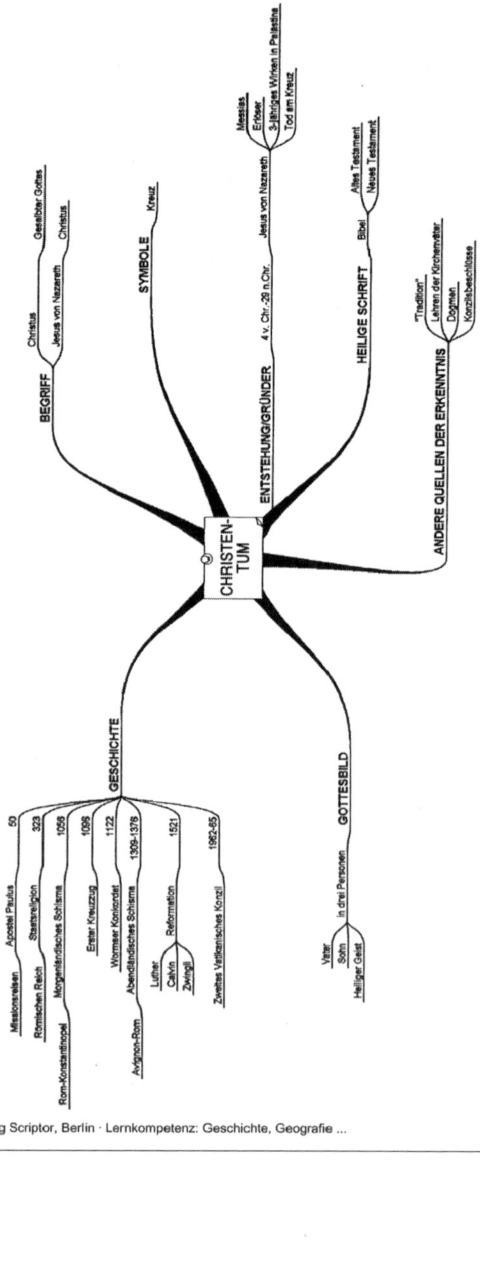

Mind-Mapping   Die großen Religionen 3

BEGRIFF
- Christus
- Jesus von Nazareth
- Geselibter Gottes
- Christus

SYMBOLE
- Kreuz

ENTSTEHUNG/GRÜNDER
- 4 v. Chr.-29 n.Chr.
- Jesus von Nazareth
  - Messias
  - Erlöser
  - 3-jähriges Wirken in Palästina
  - Tod am Kreuz

HEILIGE SCHRIFT
- Bibel
  - Altes Testament
  - Neues Testament

ANDERE QUELLEN DER ERKENNTNIS
- "Tradition"
- Lehren der Kirchenväter
  - Dogmen
  - Konzilsbeschlüsse

CHRISTEN-TUM

GESCHICHTE
- 50 — Apostel Paulus
  - Missionsreisen
- 323 — Staatsreligion
  - Römisches Reich
- 1054 — Morgenländisches Schisma
  - Rom-Konstantinopel
- 1096 — Erster Kreuzzug
- 1122 — Wormser Konkordat
- 1309-1378 — Abendländisches Schisma
  - Avignon-Rom
- 1521 — Reformation
  - Luther
  - Calvin
  - Zwingli
- 1962-65 — Zweites Vatikanisches Konzil

GOTTESBILD
- in drei Personen
  - Vater
  - Sohn
  - Heiliger Geist

Mind-Mapping   Die großen Religionen 6

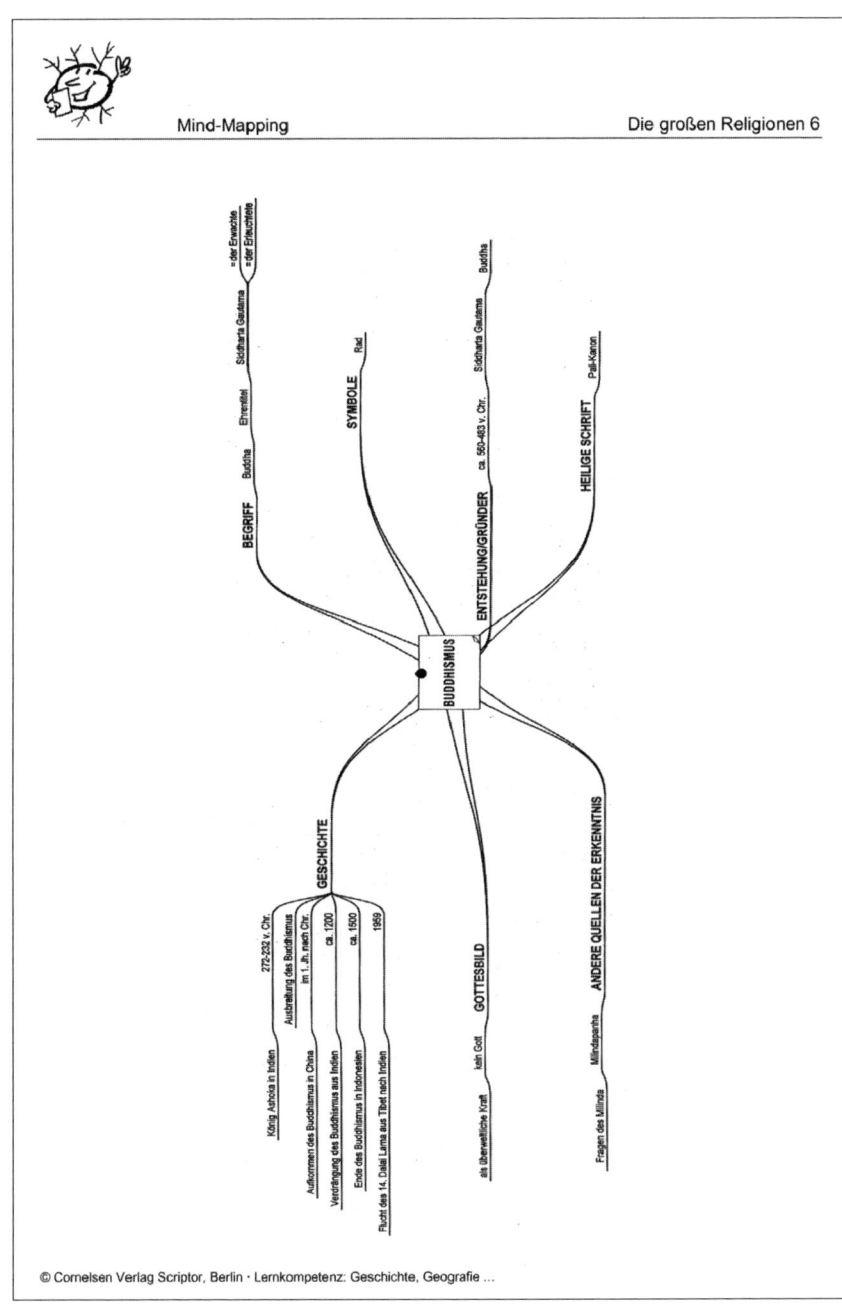

BEGRIFF   Buddha   Erleuchtet   Siddharta Gautama   = der Erwachte
                                                        = der Erleuchtete

SYMBOLE   Rad

ENTSTEHUNG/GRÜNDER   ca. 560-483 v. Chr.   Siddharta Gautama   Buddha

HEILIGE SCHRIFT   Pali-Kanon

BUDDHISMUS

GESCHICHTE   272-232 v. Chr.   König Ashoka in Indien
              Ausbreitung des Buddhismus
              im 1. Jh. nach Chr.   Aufkommen des Buddhismus in China
              ca. 1200   Verdrängung des Buddhismus aus Indien
              ca. 1500   Ende des Buddhismus in Indonesien
              1959   Flucht des 14. Dalai Lama aus Tibet nach Indien

GOTTESBILD   kein Gott   als überweltliche Kraft

ANDERE QUELLEN DER ERKENNTNIS   Milindapanha   Fragen des Milinda

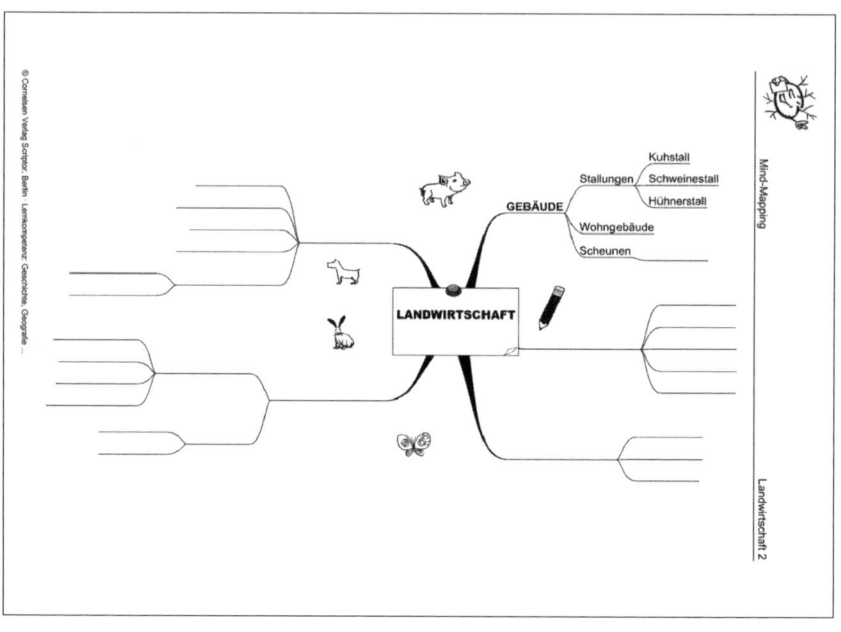

GEBÄUDE
- Stallungen
  - Kuhstall
  - Schweinestall
  - Hühnerstall
- Wohngebäude
- Scheunen

LANDWIRTSCHAFT

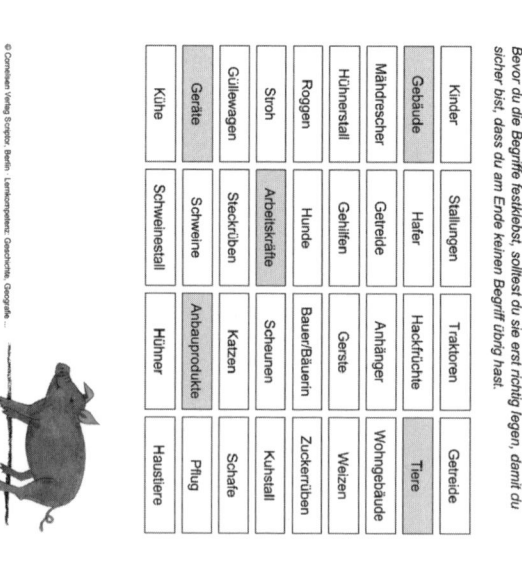

Landwirtschaft

Überlege, an was du denkst, wenn du das Wort „Landwirtschaft" hörst.

Ergänze die Mind-Map, die du als Vorlage hast. Schneide die im Kasten stehenden Begriffe aus und klebe sie auf die richtige Linie.

Bevor du die Begriffe festklebst, solltest du sie erst richtig legen, damit du sicher bist, dass du am Ende keinen Begriff übrig hast.

Kinder	Stallungen	Traktoren	Getreide
Gebäude	Hafer	Hackfrüchte	Tiere
Mähdrescher	Getreide	Anhänger	Wohngebäude
Hühnerstall	Gehilfen	Gerste	Weizen
Roggen	Hunde	Bauer/Bäuerin	Zuckerrüben
Stroh	Arbeitskräfte	Scheunen	Kuhstall
Güllewagen	Steckrüben	Katzen	Schafe
Geräte	Schweine	Anbauprodukte	Pflug
Kühe	Schweinestall	Hühner	Haustiere

Mind-Mapping

Landwirtschaft 3

Überlege, an was du denkst, wenn du das Wort „Landwirtschaft" hörst.

Erstelle eine Mind-Map, in deren Mitte das Wort **LANDWIRTSCHAFT** steht. Deine Mind-Map sollte fünf Hauptäste haben. Denke daran, dass du die Hauptäste mit den Unterästen gut erklärst.
Du kannst die Hauptäste frei wählen.
Wenn dir keine Begriffe einfallen, kann dir der untere Kasten helfen!

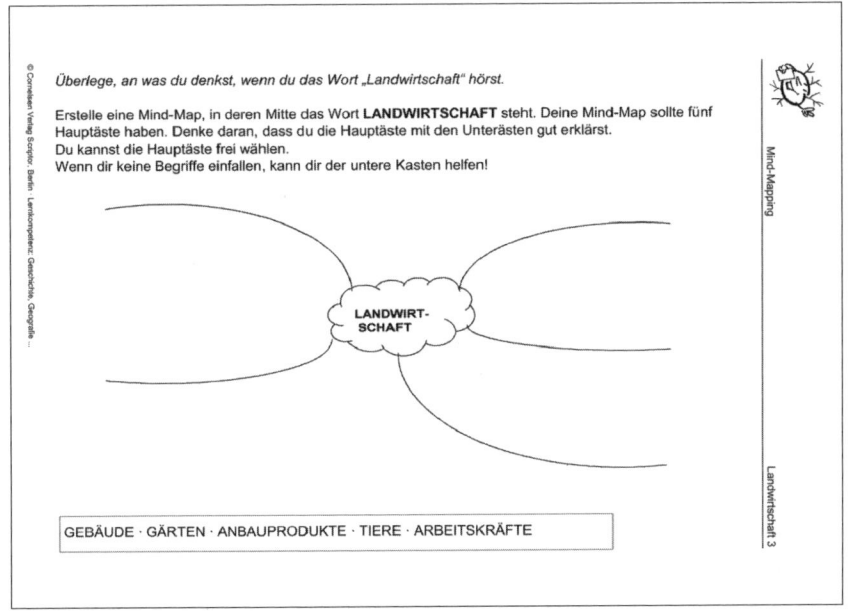

GEBÄUDE · GÄRTEN · ANBAUPRODUKTE · TIERE · ARBEITSKRÄFTE

Mind-Mapping

Landwirtschaft 2a

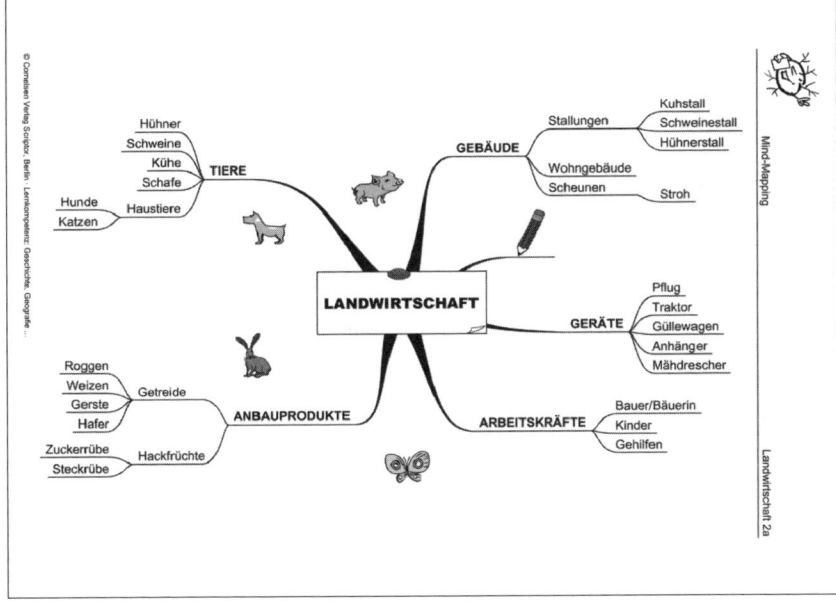

Aufgabe

Ergänze die Mind-Map, indem du auf jeden Hauptast den Namen eines Landes schreibst, das an Deutschland grenzt. Finde anschließend zu jedem Hauptast mindestens vier Nebenäste (wie im Beispiel gezeigt!), die etwas über das Land aussagen. Male zum Schluss die passende Flagge zu jedem Land!

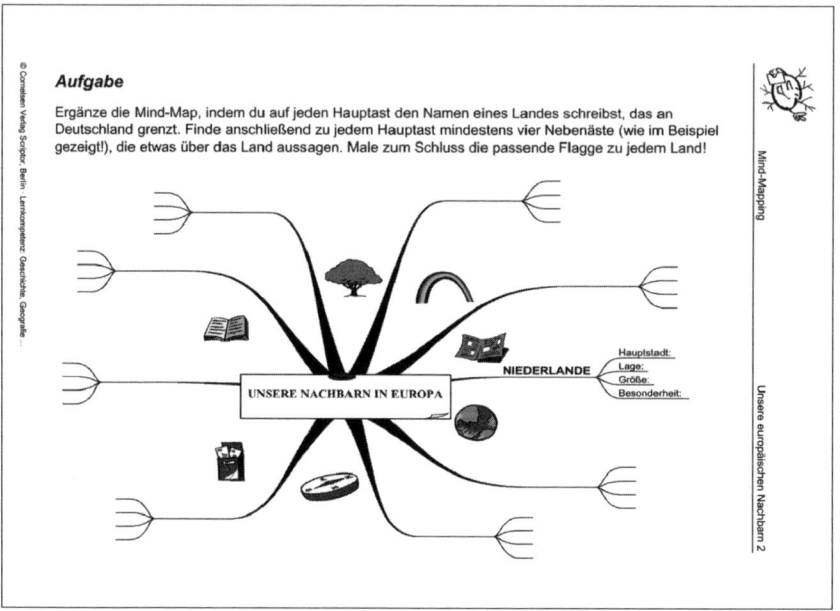

NIEDERLANDE

Hauptstadt:
Lage:
Größe:
Besonderheit:

UNSERE NACHBARN IN EUROPA

Unsere europäischen Nachbarn

Erstelle eine Mind-Map, in der du die Nachbarländer Deutschlands näher beschreibst.

Dafür brauchst du zunächst einen Atlas, in dem du nachschaust, welche Länder an Deutschland grenzen und wie deren Hauptstädte heißen. Suche anschließend in einem Lexikon die Flaggen dieser Länder. Lege dann deine Mind-Map so an, dass du auf die Hauptäste den Namen des Landes schreibst und auf die Unteräste

• die Hauptstadt,
• die Lage (nördlich, südlich, ... von Deutschland),
• ob sie größer oder kleiner sind als Deutschland und
• ob es irgendetwas gibt, was dich an dieses Land erinnert (z. B. Österreich – Skiurlaub).

Male anschließend zu jedem Land die passende Flagge neben den Hauptast.

Bitte diese Vorlagen von der CD-ROM ausdrucken.

Mind-Mapping   Topografische Übung Deutschland 1a

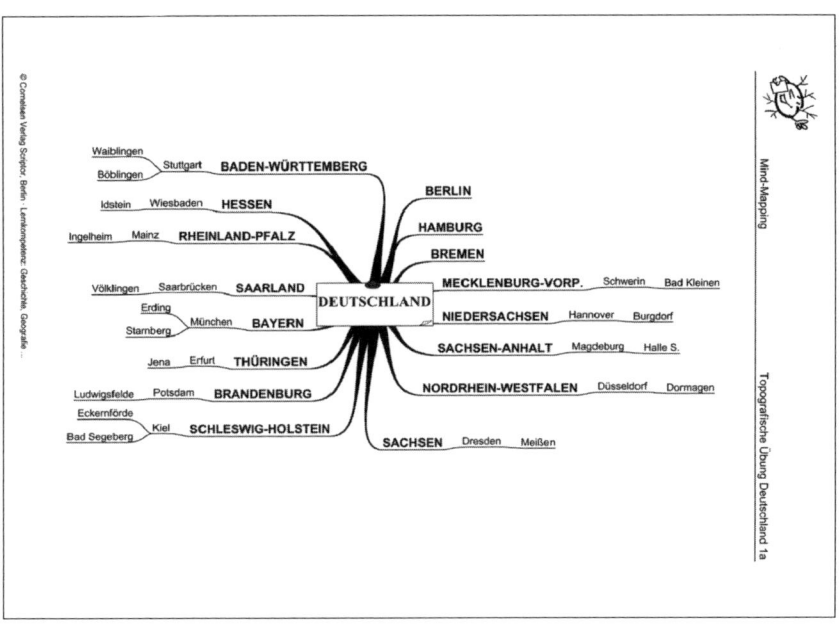

Mind-Mapping   Topografische Übung Deutschland 1

DEUTSCHLAND

Mind-Map zur politischen Gliederung

Die vielen Begriffe im Kästchen unten gehören zu **drei** verschiedenen Gruppen!!

| BUNDESLÄNDER | LANDESHAUPTSTÄDTE | KLEINSTÄDTE |

1. Nimm dir den Atlas, suche eine geeignete Karte und suche zunächst die Bundesländer aus dem Kästchen heraus.
2. Nun fertige auf einem großen Blatt eine Mind-Map an, in der du in die Mitte „DEUTSCHLAND" schreibst. Als Schlüsselbegriffe schreibst du zunächst die 16 Bundesländer auf 16 Äste (BLOCKBUCHSTABEN).
3. Ist das geschafft, dann suche in der Atlaskarte die Landeshauptstädte und ordne sie auf Oberästen dem richtigen Bundesland zu.

PARTNERARBEIT:
Zuletzt kommen die Kleinstädte dran! Suche deinen Arbeitspartner und schlage mit ihm gemeinsam die geeignete Atlasseite auf. Die im Kästchen noch nicht durchgestrichenen Städte sind kleinere Städte, die sich in der Nähe der Landeshauptstädte finden. Sie werden auf Unterästen derjenigen Landeshauptstadt zugeordnet, zu deren Bundesland sie gehören.

⇨ Beispiel:

Deutschland → NORDRHEIN-WESTFALEN → Düsseldorf → Enger

Tipp: Achte auf die Groß- und Kleinschreibung und setze die Buntstifte so ein, wie es in einer Mind-Map üblich ist: Streiche die Wörter durch, die du in die Mind-Map eingefügt hast.

Dresden / Baden-Württemberg / Völklingen / Magdeburg / Saarbrücken / Halle/S. / Nordrhein-Westfalen / Kiel / Bayern / Hessen / Starnberg / Düsseldorf / Rheinland-Pfalz / Böblingen / Ludwigsfelde / Mecklenburg-Vorpommern / Schleswig-Holstein / Idstein / München / Sachsen-Anhalt / Bremen / Hamburg / Schwerin / Mainz / Erfurt / Niedersachsen / Sachsen / Waiblingen / Wiesbaden / Bad Kleinen / Bad Segeberg / Eckernförde / Stuttgart / Meißen / Thüringen / Potsdam / Brandenburg / Ingelheim / Hannover / Saarland / Dormagen / Erding / Jena

EFFEKTIV LERNEN

Es gibt vielerlei Techniken, sich Informationen, Zahlen oder auch Dinge effektiver merken oder einprägen zu können. Oftmals werden diese Techniken (z. B. „Eselsbrücken") unbewusst eingesetzt. Doch nur wenn man bewusst auf sie zurückgreift, steht man nicht immer wieder vor dem gleichen Problem. Wie merke ich mir bloß all die Jahreszahlen, Orte, Regeln etc.?

Gibt man den Schülern systematisch Hilfen und Anleitungen, verdeutlicht man ihnen, welche Inhalte mit welchen Methoden gespeichert werden können, dann gibt man ihnen ein Lerninstrumentarium an die Hand, aus dem sie sich die ihrem Lerntyp angemessenen Lernmethoden auswählen können und diese für den täglichen Gebrauch automatisieren.

LOCI-Techniken zielen darauf ab, sich Inhalte anhand von Gegenständen und Orten merken und einprägen zu können.

Mnemotechniken sind Lernverfahren, die die Lerninhalte mit einprägsamen Verknüpfungen im Gedächtnis verankern, z. B. Eselsbrücken, Buchstabenreihen, Merkverse etc. Mittels mentalen Visualisierens versucht man sich ein Bild von dem einzuprägenden Inhalt zu machen.

Auf den folgenden Seiten sind Arbeitsblätter zu verschiedenen Lernmethoden gesammelt, die sich auf andere Fächer und Inhalte jederzeit übertragen lassen.

Klasse	Methode/Einsatz	Inhalt	Fach
5–8	Führen von Mappen und Heften		Geschichte/ Politik/ Religion/ Geografie
5/6	Lernen mit Symbolen	Griechische Götter	Geschichte
6	Merkverse	Römisches Reich	Geschichte
9/10	Bilder machen	Deutsche Geschichte von Arminius bis Helmut Kohl	Geschichte
5/6	Vorbereitung auf eine schriftliche Überprüfung	Griechische Antike	Geschichte/ Politik/ Geografie/ Religion
5/6	Bilderkennung	Zehn Gebote	Religion
5	Topografische Übungen	Deutschland, Europa, Erde	Geografie

FÜHREN VON MAPPEN UND HEFTEN

Gudula Stamm

Klasse 5–8

Da Mappen und Hefte für die Schüler spätestens bei der Vorbereitung auf Klassenarbeiten und Tests Nachschlagewerke sind, dürfte auch für Schüler der Sinn einer gut geführten Mappe außer Frage stehen. Eine Mappe, um die sie sich bemüht haben und bei der nicht nur der Inhalt, sondern auch die Gestaltung stimmt, nehmen die Schüler außerdem lieber zur Hand. Um einen Grundkonsens zu erzielen, was unter einer „guten" Mappe zu verstehen ist, ist es sinnvoll, innerhalb einer Schule fächerübergreifend einheitliche Regeln zur Führung von Mappen festzulegen. Die Schüler wissen so verlässlich, was von ihnen erwartet wird. Bestehen die Lehrer aller Fächer auf Einhaltung derselben Regeln, bestärkt dies die Bedeutung der Regeln und durch das regelmäßige Training gewinnt die Qualität aller Mappen und Hefte.

Damit alle Schüler nach der Grundschule die gleichen Chancen auf nutzbare Mappen und Hefte haben, bzw. um eine Vereinheitlichung des Vorwissens zu erreichen, sollten die Regeln möglichst zu Beginn des fünften Schuljahres fächerübergreifend eingeführt werden.

Eine Liste verbindlicher Grundregeln könnte wie die folgende aussehen. Sie erlaubt den einzelnen Fächern ohne weiteres, ihre fachspezifischen Bedürfnisse hinzuzunehmen, ohne die Basis zu verändern (vgl. Anlage).

Regeln zum Führen von Heften und Mappen

1. **Schreibe mit dem Füller, behebe Fehler mit dem Tintenkiller.**
2. **Lasse einen ausreichenden Rand.**
3. **Erstelle ein Inhaltsverzeichnis.**
4. **Versieh alle Seiten mit einer Seitenzahl.**
5. **Gib jeder Hausaufgabe eine fortlaufende Nummer.**
6. **Notiere immer das Datum.**
7. **Benutze zum Unterstreichen ein Lineal.**
8. **Hole versäumte Aufgaben nach.**
9. **Lasse vor jedem Kapitel einen Leerraum.**

Um den Schülern zu verdeutlichen, dass es sich um verbindliche Regeln handelt, müssen die Mappen gelegentlich überprüft und bewertet werden. Transparenz der Erwartungen und des Bewertungsmaßstabes führt zu besseren Ergebnissen und vermeidet unnötige Konflikte, wenn es um die Benotung geht.

In den ersten Jahren sollten die Anforderungen an eine gut geführte Mappe jeweils zu Schuljahrsbeginn mit den Schülern besprochen werden. Erhalten sie eine Übersicht der Kriterien auch schriftlich, so können sie selbstständig überprüfen, ob sie den Ansprüchen genügen. In eine solche Darlegung lassen sich die fachspezifischen Erwartungen aufnehmen. In die Bewertung kann so der Stand der fachlichen wie der allgemeinen Methodenkompetenz aufgenommen werden. Die Schüler werden daran erinnert, dass hier nicht punktuell zu lernen ist, sondern dass es sich um langfristige Lerntechniken handelt, deren Beherrschung erwartet wird. Auch Hinweise auf die Gewichtung einzelner Faktoren und ihre Auswirkung auf die Benotung lassen sich einbauen.

Der Bewertung schließlich sollten Schüler entnehmen können, wo die Stärken und wo die eventuellen Schwächen ihrer Mappen und Hefte liegen. Sich selbst und seine Mappen zu verbessern gelingt am besten, wenn auch diese Rückmeldung schriftlich erfolgt. Ob die Schüler das Blatt vor dem Abgeben der Mappen erhalten, um diese noch einmal gezielt aufarbeiten zu können, oder ob es erst mit den durchgesehenen Mappen an die Schüler geht, hängt von der jeweiligen Schülergruppe ab. Es ist beides zu rechtfertigen.

Zur Punkteverteilung im Arbeitsblatt ist anzumerken, dass sich die maximal zehn Punkte für die „Vollständigkeit" aus je zwei Punkten für die Deckblätter, die Arbeitsblätter, die Tafelanschriebe, die Hausaufgaben und das Inhaltsverzeichnis ergeben. Die Summe von acht Punkten für eingehaltene „Regeln der Mappenführung" wird erreicht mit jeweils einem Punkt für das Vorhandensein von Überschriften, Datum und Seitenzahl, die Linealbenutzung, das Randeinhalten, die Füllerbenutzung und mit zwei Punkten für die allgemeine Sorgfalt. Jeweils drei Punkte für das eigenständig Erarbeitete und die Methodenkompetenz lassen Spielraum, um deren Qualität zu berücksichtigen. „Zusätzliches" beruht auf Freiwilligkeit, bietet aber die Möglichkeit, fehlende Punkte in anderen Bereichen auszugleichen. Insgesamt haben bei diesem Bewertungsrahmen sowohl sehr ansprechende, aber inhaltlich weniger überzeugende als auch eher nachlässige, aber durchdachte Mappen eine Chance auf ein „Befriedigend".

Für die Gesamtauswertung ergeben sich 24 Punkte, eine mögliche Zuordnung zu Noten könnte folgendermaßen aussehen:

24–23	22–20	19–16	15–12	11–6	5–0
1	2	3	4	5	6

GRIECHISCHE GÖTTER

Ralf Dornbusch

Klasse 5/6
1 – 2 Unterrichtsstunden

Man kommt nicht umhin, sich im Geschichtsunterricht mit den griechischen Göttern zu beschäftigen. Um sich ihre Aufgaben zu merken, kann man den Göttern Symbole zuordnen.

Das folgende Arbeitsblatt fordert zunächst die Schüler auf, sich selbstständig auf die Suche nach den Aufgaben der Götter zu machen. Danach ist ihr künstlerisches Potential gefragt. Sie müssen das charakteristische Symbol zeichnen.

Als ergänzende Möglichkeit bietet es sich an, die Schüler mit den Symbolen als Götter verkleidet zu fotografieren. So merken sich die Schüler die Götter noch leichter: „Mark ist Zeus, der Göttervater und Wettergott. Er hatte doch den Blitz in der Hand."

Ziele

- Informationen über die Aufgaben der griechischen Götter aus Nachschlagewerken herausarbeiten
- charakteristische Symbole für die Aufgaben der Götter zeichnerisch festhalten

Materialliste

- Anlage 1   Klassensatz
- diverse Lexika
- Schere, Klebstoff

Planungsverlauf

A   **Nachschlagen**

Anlage 1: Griechische Götter

Die Schüler erarbeiten sich mit der Hilfe von Nachschlagewerken (Geschichtsbuch, Lexika) die Aufgaben der griechischen Götter.

B   Symbole finden

Mittels der Informationen wählen die Schüler jeweils ein charakteristisches Symbol aus, das sie in das Arbeitsblatt übertragen.

Beispiele: Zeus   ⇒   Blitz

Ares   ⇒   Schwert

Dionysos ⇒   Weinglas

Hades   ⇒   Totenkopf

In einem Doppelstuhlkreis tauschen sich die Schüler anschließend über ihre Ergebnisse aus. Sie ergänzen sich gegenseitig und korrigieren etwaige Fehler.

C   Hausaufgabe

Jeder Schüler wählt sich einen griechischen Gott aus und versucht durch markante Utensilien und Hilfsmittel den Gott oder die Göttin in der folgenden Stunde darzustellen. Es wird ein Foto von allen „göttlichen" Schülern auf dem Olymp angefertigt und in der Klasse ausgehängt. Die jeweiligen Götterzuordnungen können ausgeschnitten und als Memorykärtchen verwendet werden.

RÖMISCHES REICH

Ralf Dornbusch

Klasse 6
1–2 Unterrichtsstunden

„Drei, drei, drei bei Issos Keilerei."

„Karl der Große macht sich in die Hose,
Pippin der Kleine macht sie wieder reine."

Merkverse dieser Art sind nicht neu. Es ist auch nicht neu, dass man sich mit Merkversen Daten sehr viel leichter merken kann. Warum also sollte man nicht einmal diese Möglichkeit z. B. für die Vorbereitung einer schriftlichen Überprüfung nutzen?

Das vorliegende Arbeitsblatt fordert die Schüler auf, umfangreiche Informationen in kurzen Schlüsselbegriffen zusammenzufassen. Diese Schlüsselbegriffe können dann als Grundlage für eine Sammlung von Merkversen dienen.

Ziele

- Komplexe Inhalte zusammenfassen
- sprachliche Umformung von historischen Informationen

Materialliste

- Anlage 1   Klassensatz

Planungsverlauf

 A   **Bearbeitung des Arbeitsblattes**

Der Lehrer sollte einmal gemeinsam mit den Schülern exemplarisch vorführen, wie man sich die Informationen beschafft, wie man sie zusammenfasst und wie man einen Merkvers bildet. Beispiel:

Daten	Ereignisse	Merkvers
753 vor Christus	Einer Sage nach wird Rom von den Zwillingen Romulus und Remus gegründet.	Gründung Roms um sieben, fünf und drei Romulus und Remus sind dabei.

B   **Bearbeitung des Arbeitsblattes**

Es werden Zufallsgruppen gebildet, in denen sich die Schüler ihre Ergebnisse gegenseitig vortragen. Die besten werden anschließend präsentiert und von den Mitschülern in ihrer Liste übernommen.

DEUTSCHE GESCHICHTE
VON ARMINIUS BIS HELMUT KOHL

Ralf Dornbusch

Klasse 8–10
2–3 Unterrichtsstunden

Die Datensammlung, die hier als Grundlage der thematischen Einheit Deutsche Staatsgeschichte dient, kann vielseitig verwendet werden. Sie ist als Vorlage zur inhaltlichen Erweiterung oder auch zur Reduktion gedacht. Wenn die Daten oder Teile daraus und deren Inhalte gelernt werden sollen, dann bietet sich die Lerntechnik des Bildermachens an, um eine visuelle Verknüpfung der abstrakten Daten zu erreichen.

Ziele

- Inhalte mit Bildern oder Karten in einen Zusammenhang bringen
- Daten auswendig lernen

Materialliste

- Anlage 1   Klassensatz
- diverse Nachschlagewerke

Planungsverlauf

 A   **Bilder- und Darstellungssuche**

Anlage 1: Deutsche Geschichte

Vom Lehrer wird je nach Thema und Zusammenhang eine Auswahl von Daten zusammengestellt. Jeder Schüler wählt sich aus der dann vorliegenden Datensammlung einen Abschnitt aus, den er innerhalb einer vorgeschriebenen Zeit (evtl. 45 Minuten) „visualisieren" will.
Aus Nachschlagewerken suchen sich dann die Schüler jeweils Bilder, Karten und Symbole heraus, die zu den entsprechenden Daten passen und die damit

in einen Zusammenhang zu bringen sind. Die Vorlagen sollten in ihrer Aussage auf eine eindeutige Symbolik reduziert und dann, wenn möglich, eigenhändig übertragen (gezeichnet, gemalt) werden.

B   Daten lernen

Anhand der bildlichen Darstellung prägen sich die Schüler die Daten ein. Sie treffen sich mit Schülern, die den gleichen Abschnitt bearbeitet haben. Es werden die besten Bilder ausgewählt. Die Bilder werden gemeinsam mit den historischen Zusammenhängen präsentiert.

Tipps:
Die Sammlung der Bilder und Daten lässt sich in einer Zeitleiste zusammenfassen, die im Klassenraum ausgehängt werden kann.
Die Zusammenfassung der Bilder/Datensammlung zu einer bebilderten Chronik kann als schulinternes Nachschlagewerk verwendet und ausgebaut werden.

TESTVORBEREITUNG

Ralf Dornbusch

Klasse 6
1 Woche

In unserem Curriculum zur Förderung der Lernkompetenz ist ein Baustein mit dem Thema Klassenarbeiten enthalten. Dieser Baustein vermittelt den Schülern, wie, wann und unter welchen Bedingungen die Vorbereitung auf eine schriftliche Arbeit stattfinden sollte. 3×10 Minuten = 1 Stunde, so lautet die unmathematische Faustregel, was bedeuten soll, dass eine auf mehrere Tage verteilte, kurze Vorbereitungszeit so viel wert ist wie eine einmalige Vorbereitungszeit von einer ganzen Stunde.
In den so genannten Nebenfächern, deren schriftliche Überprüfungen zeitlich sehr begrenzt sein sollen (an der Realschule Enger ca. 15 Minuten), wird die Vorbereitung auf einen Test häufig sehr oberflächlich gehandhabt. Was

nicht unbedingt verständlich ist. Denn eine regelmäßige, systematische und konzentrierte Vorbereitung der schriftlichen Überprüfung verbessert auch hier den Lernerfolg und die Ergebnisse.

Der Test ist hier natürlich nicht angefügt, er kann variabel gestaltet werden. Das hier beschriebene Beispiel bezieht sich auf eine Unterrichtsreihe zum Thema Griechische Antike (Geografie, Götter, Gegensatz Athen/Sparta, Perserkriege, Sieben Weltwunder).

Ziele

- langfristige Vorbereitung einer schriftlichen Überprüfung zur Sicherung der Lerninhalte
- Anwendung und Vertiefung diverser Mnemotechniken

Materialliste

- Anlage 1   Klassensatz

Planungsverlauf

A   **Vorgehensweise zur Testvorbereitung**

Anlage 1: Testvorbereitung

Eine Woche vor dem Test sollte dieser angekündigt werden. Der Lehrer bespricht mit den Schülern die einzelnen Schritte der Testvorbereitung und erarbeitet mit ihnen gemeinsam Vorschläge zur Vorgehensweise.

Schritt 1:

Jeder Schüler notiert auf dem Arbeitsblatt seine bisherige Testdurchschnittsnote. Danach notiert er seine realistische Erwartungshaltung. Achtung: Je höher die Erwartung, desto größer der Aufwand der Testvorbereitung!

Schritt 2:

Jeder Schüler vergleicht mit seinem Nebenmann die Vollständigkeit seiner Mappe. Fehlendes Material muss nachgearbeitet werden.

Schritt 3:
Die Schüler arbeiten mit dem Lehrer mehrere Themenbereiche heraus. Es sollten aber möglichst nicht mehr als fünf sein, wenn eine Vorbereitung zeitlich in den Rahmen von einer Woche passen soll. Jeder Schüler reserviert in seinem Hausaufgabenheft an jedem der folgenden Nachmittage 30 Minuten für die Testvorbereitung. Schüler, die sich auf die Note vier vorbereiten, werden vermutlich weniger Zeit aufbringen müssen.

Schritt 4:
Die Schüler benennen verschiedene Möglichkeiten, sich Unterrichtsinhalte und historische Informationen einprägen zu können. Jeder Schüler wählt sich exemplarisch eine Möglichkeit aus und prägt sich die griechischen Götter anhand von Symbolen ein; ein Schüler zerschneidet eine Kopie der Karte Griechenlands zu einem Puzzle und setzt es wieder zusammen; ein Schüler schreibt einen Text zu den politischen und gesellschaftlichen Unterschieden von Athen und Sparta etc.

Schritt 5:
Einzelne Schüler präsentieren ihre Vorschläge und wiederholen die Inhalte ohne Hilfe ihrer Unterlagen.

Schritt 6:
Die Schüler wählen sich einen Mitschüler aus und vereinbaren eine feste Uhrzeit für ein Treffen für die Abschlusswiederholung am Tag vor dem Test.

B   **Test**

Nach der Rückgabe des Tests überprüfen die Schüler, ob sich ihre Erwartung erfüllt hat. Bei Abweichungen sollte geklärt werden, woran es gelegen hat und was in Zukunft zu tun ist.
Diese Art der Testvorbereitung sollte mindestens einmal im Schuljahr wiederholt werden.

DIE ZEHN GEBOTE

Susanne Rave

Klasse 5/6
5 Unterrichtsstunden

Wenn die Schüler das „Bildermachen" als Instrumentarium zum besseren Merken kennen, bieten die Zehn Gebote eine gute Anwendungsmöglichkeit. In der Kurzreihe geht es nur um das Kennenlernen und Behalten der Gebote, ihr Sinn, Ursprung und Zweck sollte selbstverständlich im Religionsunterricht auch thematisiert werden (vgl. 5. Stunde). Die beiden Gehirnhälften werden durch Texte und Bilder angesprochen, durch das Spiel wird das angemessene Wiederholen vereinfacht.

Materialliste

- Anlage 1   Klassensatz
- Anlage 2   eine Kopie pro Gruppe, jede Kopie auf einem andersfarbigen Blatt
- Pappe und Buchfolie oder Laminiergerät

Ziel

- „Verbildern" der Zehn Gebote und diese anhand eines Kartenspiels auswendig lernen

Planungsverlauf

1. Stunde

A   **Inhaltliche Annäherung**

Die Schüler suchen in ihrer Bibel die Zehn Gebote (2. Mose 20, 1–17). Sie werden gemeinsam in der Klasse laut gelesen. Verständnisschwierigkeiten sollten an dieser Stelle im Unterrichtsgespräch geklärt werden.

B   **Vereinfachung der Inhalte**

Gemeinsam werden die Gebote in vereinfachter Form an der Tafel erarbeitet. Hierzu kann auch „Der Heidelberger Katechismus" (Frage 92 – Wie lautet das Gesetz des Herrn?) zu Hilfe genommen werden. Die „vereinfachten" Gebote werden aufgeschrieben. Dabei sollte darauf geachtet werden, dass alle Wörter für alle Schüler verständlich sind.

 C   **Methodenbezug**

Der Lehrer verweist auf die Methoden des mentalen Visualisierens und Mind-Mappings:

> Ich merke mir Dinge gut,
> – wenn ich mir davon ein inneres Bild mache
> – wenn ich sie oft wiederhole
> – wenn ich mir eine Geschichte dazu überlege
>
> Mit Hilfe der Symbole kann ich mir Dinge in einer bestimmten Reihenfolge überlegen.

> Ein Bild sagt mehr als 1000 Worte.

Im Unterrichtsgespräch wird gemeinsam überlegt, wie man mit den Geboten weiter verfahren könnte.

Es ist sehr wahrscheinlich, dass die Schüler feststellen, dass es schwieriger sein wird, sich zu jedem Gebot eine Geschichte zu überlegen, als Bilder oder Symbole zu finden. Sollte es Schüler geben, die zum Lernen der Gebote Geschichten bevorzugen, können diese zu einer Kleingruppe zusammengefasst werden und im weiteren Verlauf der Reihe in arbeitsteiliger Gruppenarbeit an Geschichten arbeiten. Diese Gruppe kann bei der Ergebnissicherung als Vergleichsgruppe dienen. Ein großer Teil der Schüler wird sich erfahrungsgemäß für Symbole oder Bilder entscheiden.

Anschließend wird das Arbeitsblatt vorgestellt. Die Schüler werden darauf hingewiesen, dass sie in dieser Stunde die Gebote bereits zweifach wiederholt haben. Zur dritten Wiederholung sollen sie auf das Arbeitsblatt übertragen werden. Als vierte Wiederholung übertragen die Schüler die Gebote in ihre „Schülersprache" und entschärfen gleichzeitig den „Zeigefinger-Charakter" (Du sollst ...).

Einträge auf dem Arbeitsblatt

Anlage 1: Einzelarbeitsblatt

Die Schüler übertragen die Gebote in die erste Spalte ihrer Arbeitsblätter.

2. Stunde

 Gruppenarbeit – Vergleich und Weiterarbeit

Anlage 2: Gruppenarbeitsblatt

Die Schüler werden in Zufallsgruppen zusammengestellt. Zunächst werden die Hausaufgaben vorgelesen. Zu jedem Gebot soll sich die Gruppe auf eine Formulierung einigen. Diese Formulierungen werden in die 2. Spalte des Gruppenarbeitsblattes eingetragen. Dann wird überlegt, welches Bild oder Symbol zu jedem Gebot passen würde.

 Bilder machen

Jeder Schüler malt Bilder oder Symbole in die dritte Spalte seines Arbeitsblattes.

Gruppenarbeit – Vergleich und Auswahl

Die Schüler kommen wieder in ihren Gruppen zusammen und suchen für jedes Gebot das beste Bild aus. Das ausgesuchte Bild wird vom Arbeitsblatt des entsprechenden Schülers ausgeschnitten und auf das Gruppenarbeitsblatt aufgeklebt.
Die Gruppenarbeitsblätter werden eingesammelt.

3. Stunde

Aufgabe des Lehrers ist es, die Gruppenarbeitsblätter zu laminieren oder auf Pappe aufzuziehen und mit Buchfolie zu bekleben.

 Unterrichtsgespräch – Wiederholung

Um zu überprüfen, was die Schüler durch das Wiederholen und Bebildern bereits behalten haben, werden zu Beginn der Stunde die Gebote in der richtigen Reihenfolge mündlich wiederholt.

B   Spielen, Üben und Lernen

Die Gruppen erhalten ihre Arbeitsblätter und schneiden die Spielkarten aus. Die Schüler haben jetzt für jedes Gebot drei Spielkarten. Sie beschäftigen sich zunächst mit der Frage: Wie kann man damit spielen und dabei die Gebote lernen? Es ist zu erwarten, dass die Schüler verschiedene Ideen haben werden. Diese sollten sie ausprobieren und dafür Spielregeln aufstellen und aufschreiben. Sollte es Probleme mit der Ideenfindung geben, kann auf das Spiel Memory hingewiesen werden, was in diesem Fall mit Triplets und nicht mit Paaren gespielt werden muss.

Der Rest der Stunde dient dem Spielen, Wiederholen und Üben. Dabei ist es sinnvoll, die Gruppen zu mischen, so dass jeder Schüler einmal das Spiel jeder anderen Gruppe gespielt hat, es ist auch möglich, dass zwei Gruppen ihre Kartenspiele vermischen und dann spielen, die Schüler entwickeln in dieser Phase eine Menge eigener Ideen.

Selbstverständlich sollten auch die Geschichten aus der Vergleichsgruppe (falls vorhanden) der ganzen Lerngruppe präsentiert werden.

4. Stunde

Die Spiele werden fertig gestellt und erprobt.

5. Stunde

In einer weiteren Stunde, die möglichst einige Tage nach der 4. Stunde sein sollte, werden die Gebote aus dem Gedächtnis der Schüler abgefragt. In dieser Stunde sollte auf die Inhalte und die Bedeutung der Gebote für unser tägliches Leben eingegangen werden. Es bietet sich an, mit Beispielsituationen zu den einzelnen Geboten in Form von Texten oder anderen Medien zu arbeiten.

TOPOGRAFISCHE ÜBUNGEN

Verena Speer-Ramlow

Klasse 5
1 Unterrichtsstunde

Die folgenden Arbeitsblätter zeigen Möglichkeiten, wie Kinder lernen können, indem sie nämlich das nachahmen, was derzeit in den Medien immer wieder gezeigt wird, „rätseln". Dabei haben die Arbeitsaufgaben den Charakter eines Quiz, das aus dem Kopf oder auch mit entsprechenden Hilfsmitteln, wie dem Atlas, gelöst werden kann.

Wenn den Schülern nach der Übung die Lösung zur Selbstkontrolle an die Hand gegeben wird, hat das auch den Vorteil, dass sie selbstkritisch ihre Ergebnisse betrachten und den Lernstoff noch einmal wiederholen.

Der Zeitrahmen für die Bearbeitung dieser Aufgaben ist unterschiedlich, sie eignen sich i. d. R. für etwa 15 Minuten. Für die Anlage 4 sollten jedoch mindestens 30 Minuten eingeplant werden (s. „Hinweise").

Ziele

- Topografische Kenntnisse von Deutschland, Europa und der Erde erweitern
- erkennen, dass man mehr behält, wenn kleine, überschaubare Einheiten geübt werden
- erkennen, dass man mehr behält, wenn man den Lernstoff mehrfach wiederholt

Material

- Anlage 1   Klassensatz
- Anlage 2   Klassensatz
- Anlage 3   Klassensatz
- Anlage 4   Folie und Klassensatz

Hinweise

Die Arbeitsblätter eignen sich für die selbstständige Erarbeitung durch die Schüler. Anlage 4 „Ein Blick auf unseren Planeten Erde" kann dann eingesetzt werden, nachdem die Kontinente und Ozeane behandelt wurden. Den Schüler einen Lückentext dieser Art zur selbstständigen Bearbeitung vorzulegen, würde sie überfordern.

Geht man nun den Text mit Hilfe einer Folie gemeinsam mit der Lerngruppe durch, bietet sich die Chance, dass in einem zweiten Durchgang die Schüler die Lücken selbstständig ausfüllen können. Dann vergleicht man zunächst mit dem Nachbarn und dann wiederum mit der Folie. Dieses mehrfache Wiederholen bietet den Vorteil, dass der Grad des Behaltens deutlich höher ist.

Die Anlagen 1 a – 4 a bieten die Lösungen für die Arbeitsblätter.

Im Anschluss an die Erarbeitung jeder Einheit sollte mit den Schülern die Effizienz des Lernens mit kleinen, überschaubaren Einheiten und des mehrfachen Wiederholens thematisiert werden.

Effektiv lernen   Führen von Mappen und Heften

Die Geschichtsmappe

1. hat die für die Schule festgelegte <u>Farbe</u>;
2. enthält in Klasse 6 und 7 passende, von dir gestaltete <u>Deckblätter</u> zu jeder Unterrichtseinheit;
3. zeigt, dass du die <u>Regeln zur Mappenführung</u> beherrschst (Kurzfassung: Füller, Seitenzahlen; Rand, Datierung, Inhaltsverzeichnis mit Datum, Thema und Seitenzahl, Linealbenutzung, Nacharbeiten, Leerzeilen);
4. lässt erkennen, dass du gelernte Methoden auch im Geschichtsunterricht einsetzen kannst (z. B. Mind-Maps erarbeiten);
5. ist eine <u>Note</u> wert. Bewertet werden die Vollständigkeit, das selbst Erarbeitete, die Anwendung des an den Schwerpunkttagen Gelernten und die Gestaltung. Keine Mappe heißt *ungenügend*, fehlt mehr als die Hälfte, bedeutet das *mangelhaft*. Ohne Inhaltsverzeichnis ist sie ebenfalls mangelhaft. Maximal zwei Schultage nach dem angekündigten Termin werden vergessene Mappen noch angenommen, danach nicht mehr;
6. lässt sich (freiwillig!) durch <u>zusätzliches Material</u> (z. B. unaufgefordert gesuchte Bilder und Texte zu einem Thema, besondere Gestaltung u. Ä.) verbessern;
7. ist dein persönliches <u>Nachschlagewerk</u>, die Bücher musst du wieder abgeben!

Ich habe diese Regeln zur Kenntnis genommen.

Datum und Unterschrift: _____

Bewertung der Geschichtsmappe

Zeitraum/Thema: _____

Kriterium	1	2	Bemerkung
Vollständigkeit	10		
Regeln der Mappenführung	8		
eigenständig Erarbeitetes	3		
Methodenkompetenz	3		
Zusätzliches	2		

1 = maximale Punktzahl; 2 = erreichte Punktzahl

Anmerkung:

Mappen mit weniger als der Hälfte des Inhalts und/oder ohne Inhaltsverzeichnis sind mangelhaft. „Zusätzliches" ist freiwillig und bietet die Möglichkeit, fehlende Punkte auszugleichen.

Griechische Götter

Suche die Aufgaben der einzelnen Götter aus deinem Geschichtsbuch, einem Lexikon oder anderen Nachschlagewerken heraus. Zeichne in das nebenstehende Kästchen ein Symbol, das die jeweilige Göttin oder den Gott charakterisiert. Lerne anschließend die Namen der Götter und ihre Aufgaben mittels der Symbole auswendig.

ZEUS Göttervater, Bruder und Gatte von Hera, Wettergott, Herr von Blitz und Donner		**ARES**	
HERA		**DIONYSOS**	
PALLAS ATHENE		**ARTEMIS**	
POSEIDON		**HELIOS**	
APHRODITE		**HADES**	
HEPHAISTOS		**DEMETER**	

Rom – Eine Weltmacht entwickelt sich

Suche zu den Daten die jeweiligen Ereignisse heraus und liste sie auf. Formuliere zu jedem Ereignis einen Merkvers, damit du dir die Daten besser einprägen kannst.

753 vor Christus		
509 vor Christus		
450 vor Christus		
264 – 202 v. Chr.		
216 vor Christus		
58 – 51 vor Christus		
44 vor Christus		
31 v. Chr. – 14 n. Chr.		
9 n. Chr.		
313 n. Chr.		
395 n. Chr.		
476 n. Chr.		

Bitte diese Vorlagen von der CD-ROM ausdrucken.

Effektiv lernen   Deutsche Geschichte von Arminius bis Helmut Kohl 1

DEUTSCHE GESCHICHTE

a) Vorgeschichte

Germanische Stämme im heutigen Deutschland.

9   Schlacht im Teutoburger Wald: Arminius (Hermann).

375 Beginn der germanischen Völkerwanderung: Hunnen besiegen Ostgoten im heutigen Russland.

476 Ende des Weströmischen Reiches.

481 Franken erobern Gallien: Frankenreich, Merowinger-Dynastie.

751 Vereinbarung zwischen Papst und Pippin III.: Karolinger-Dynastie.

768 Karl der Große (bis 814): Höhepunkte des Frankenreichs.

786 „Lingua theodisca": Erste Erwähnung der deutschen Sprache („thiud" = Volk).

800 Kaiserkrönung Karls des Großen in Rom: Imperium Romanum wiederhergestellt.

843 Vertrag von Verdun: Teilung des Karolingerreiches: Westfranken, Lotharingen, Ostfranken.

b) Deutsches Königreich 911 – Kaiserreich 962

911 Wahl des Herzogs der Franken zum deutschen König: Vier ostfränkische/deutsche Stämme zusammengeschlossen: Franken, Sachsen, Schwaben, Bayern.

919 Heinrich I. König (bis 936): Ottonen (Sachsen)-Dynastie (bis 1024): Abwehr der Ungarn, Panzerreiter (Ritter), Burgen.

936 Otto I. (der Große) (bis 972): Konsolidierung und Expansion.

955 Entscheidender Sieg über die Ungarn (Lechfeld bei Augsburg).

962 Otto I. in Rom zum Kaiser gekrönt: Imperium Romanum wiederhergestellt: 1. Heiliges Römisches Reich Deutscher Nation (bis 1806).

c) Deutschland als Machtzentrum: 962 – 1198

1000 Allgemeine Wende im europäischen Mittelalter: Ökonomisches und demografisches Wachstum.

1046 Synode von Sutri: Deutscher Kaiser setzt 3 rivalisierende Päpste ab und (deutschen) Bischof als Papst ein: Höhepunkt der deutschen Vormachtstellung im lateinischen Europa.

1075 Investiturstreit (bis 1122): Konflikt Kaiser–Papst um Vorherrschaft im lateinischen Europa.

1095 Kreuzzüge (bis 1291), schon unter Leitung des Papstes.

1122 Wormser Konkordat: Kompromissregelung Kaiser–Papst: Ende des Investiturstreits (seit 1075).

1152 Friedrich I. Barbarossa König/Kaiser (bis 1190): Rivalität zu den Welfen: Dynastie der Staufer (bis 1250).

Effektiv lernen   Deutsche Geschichte von Arminius bis Helmut Kohl 4

1866 Deutscher Krieg: Sieg Preußens über Österreich bei Königgrätz: Hegemonie
      Preußens in Deutschland.
1867 Norddeutscher Bund als Vorstufe zum Deutschen Reich mit modifizierter
      Verfassung von 1849. Ausgleich: Doppelmonarchie Österreich-Ungarn.
1870 Deutsch-französischer Krieg (bis 1871): Sieg der vereinigten Deutschen über
      Frankreich.
1871 Reichsgründung in Versailles: 2. Deutsches Kaiserreich (bis 1918).

g) 2. Deutsches Kaiserreich: 1871 – 1918

1871 Deutsches Reich als Bundesstaat: König von Preußen deutscher Kaiser,
      konstitutionelle Monarchie, modifizierte Verfassung von 1849. Innerer Ausbau des
      Reiches. Kulturkampf gegen Katholiken (bis 1887), Hochkonjunktur
      („Gründerjahre").
1873 Weltwirtschaftskrise: „Gründerkrach".
1878 Sozialistengesetze (bis 1890): Kampf gegen Sozialdemokratie. Anfänge des
      Antisemitismus.
1884 Übergang zur Kolonialpolitik: Deutsche Schutzgebiete in Togo, Kamerun,
      DeutschSüdwestafrika, Deutsch-Ostafrika.
1888 Dreikaiserjahr: Wilhelm I. und Friedrich III. gestorben: Wilhelm II. Kaiser (bis 1918).
1890 Sturz Bismarcks: Reichskanzler v. Caprivi (bis 1894): Mitteleuropa als Alternative
      zur späteren „Weltpolitik": Neuer Kurs – liberale Innenpolitik.
1894 Reichskanzler v. Hohenlohe (bis 1900): Unter ihm Übergang zur Weltpolitik.
1897 Deutsches Pachtgebiet Kiautschau (bis 1914).
1898 Aufbau einer deutschen Schlachtflotte.
1900 Reichskanzler Bülow (bis 1909): „Weltpolitik" – „Platz an der Sonne" für
      Deutschland.
1905 Schlieffenplan: Zweifrontenkrieg, erst gegen Frankreich, dann gegen Russland
      geplant.
1909 Reichskanzler Bethmann-Hollweg (bis 1917): Ausgleich nach innen (SPD) und
      außen (England) als Ziel.
1914 Erster Weltkrieg (bis 1918): Nach deutschen Anfangssiegen im Westen Niederlage
      an der Marne: Stellungskrieg. Siege gegen Russen in Ostpreußen.
1916 3. Oberste Heeresleitung (OHL) unter Hindenburg und Ludendorff (bis 1918):
      Verschleierte Militärdiktatur.
1917 Sturz Bethmann-Hollwegs: Friedensresolution des Reichstages. Uneingeschränkter
      U-Boot-Krieg: Kriegseintritt der USA. Spaltung der SPD – USPD.
      Militärische Niederlage Deutschlands: Novemberrevolution: Sturz der Monarchie,
      Ausrufung der Republik. Gründung der KPD.

Bitte diese Vorlagen von der CD-ROM ausdrucken.

Effektiv lernen   Deutsche Geschichte von Arminius bis Helmut Kohl 5

h) Weimarer Republik: 1919 – 1933

1919   Spartakusaufstand, Weimarer Nationalversammlung: Friedrich Ebert Reichspräsident (bis 1925): Weimarer Verfassung. Versailler Friedensvertrag: Territoriale Verluste, Abtretung der Kolonien, militärische Beschränkungen, Reparationen, „Kriegsschuld".

1920   Wahl des 1. Reichstages. Spaltung der USPD: KPD gestärkt. Gründung der NSDAP.

1923   Höhepunkt der Inflation: Ruhrbesetzung und Ruhrkampf: Schwere innere Krise, Hitlerputsch in München, Rentenmark.

1924   Zwei Mal Reichstagswahlen (Juni, Dezember): Begrenzung der Reparationen und Kredite aus den USA: Konsolidierung der Republik: Kulturblüte, vor allem in Berlin.

1925   Locarno-Verträge: Konsolidierung nach außen.

1928   Regierung der Großen Koalition unter Führung der SPD (bis 1930).

1929   Weltwirtschaftskrise: Verheerende Rückwirkungen auf Deutschland.

1930   Sturz der letzten parlamentarischen Regierung: Autoritäre Regierung unter Heinrich Brüning (bis 1932): Notverordnungen. Reichstagswahl: NSDAP 18,3 %.

1931   Höhepunkt der Weltwirtschaftskrise.

1932   6 Mio. Arbeitslose in Deutschland: Reichspräsidentenwahl: Hindenburg – Hitler: Hindenburg mit Stimmen der SPD wiedergewählt. 2 x Reichstagswahlen: 37,2 % und 33 % für NSDAP. Kabinette v. Papen und v. Schleicher.

1933   Berufung Hitlers zum Reichskanzler: Ende der Weimarer Republik.

i) „Drittes Reich": 1933 – 1945

1933   Machtergreifung der NSDAP unter Hitler: Totalitärer Führerstaat. Terror nach innen, Aggression nach außen. Konzentrationslager, Rüstung, Revision von Versailles.

1934   Tod Hindenburgs: Hitler Reichspräsident, selbsternannt.

1935   Allgemeine Wehrpflicht für Wehrmacht, Rückkehr des Saarlandes zum Reich.

1936   Vierjahresplan zur Koordinierung der Rüstungswirtschaft, Besetzung des Rheinlandes, Olympische Spiele in Berlin, Intervention im Spanischen Bürgerkrieg („Legion Condor"), Achse Berlin–Rom, Antikominternpakt.

1938   „Anschluss" Österreichs, Annexion des Sudetenlandes: Großdeutsches Reich.

1939   Besetzung der Rest-Tschechei: „Reichsprotektorat Böhmen und Mähren", Re-Annexion des Memellandes, Hitler-Stalin-Pakt, Danzigkrise: Überfall auf Polen (1.9.39): Zweiter Weltkrieg (bis 1945). „Polenfeldzug": Polen geteilt mit UdSSR. „Generalgouvernement Polen".

1940   Sieg über Frankreich, Luftschlacht über England: Deutsche Niederlage: Keine Invasion Englands. Teilweise Neuordnung Südosteuropas. Kriegseintritt Italiens.

1941   Deutschland erobert Jugoslawien und Griechenland. Überfall auf UdSSR: Nach deutschen Anfangssiegen Niederlage vor Moskau. Deutschland erklärt den USA den Krieg.

1942   Einkesselung der 6. Armee in Stalingrad.

Effektiv lernen   Testvorbereitung

In sechs Schritten erfolgreich zum Test

	Schritte	Ich tue folgendes:
1	Ergebnis einschätzen Erwartung benennen	„Ich habe meistens eine ... geschrieben. Diesmal möchte ich aber eine ... erreichen! Ich weiß, dass ich mich für eine sehr gute Note auch sehr gut vorbereiten muss."
2	Überblick über Inhalte verschaffen	„Ich überprüfe meine Mappe auf Vollständigkeit und verschaffe mir so einen Überblick über die Inhalte."
3	Inhalte und Themenbereiche eingrenzen Zeit einschätzen	„Ich schreibe die Überschriften der Themen, die wir bearbeitet haben, heraus. Ich schätze, wie viel Zeit ich für jeden Themenbereich habe."
4	Inhalte der Themenbereiche zusammenfassen	„Ich fasse alle Informationen eines Themas zusammen. Ich nutze dazu Mind-Maps, Networks, Tabellen, Kurztexte, Gedichte, Merkverse oder mache mir Bilder."
5	Zusammenfassungen mündlich wiedergeben	„Ich bitte einen Freund oder ein Familienmitglied, meiner mündlichen Wiedergabe der Zusammenfassungen zuzuhören."
6	Zusammenfassung überfliegen und wiederholen	„Einen Tag vor dem Test überfliege ich noch einmal alle Zusammenfassungen. Ich wiederhole noch einmal die schwierigen Passagen."

Viel Erfolg!

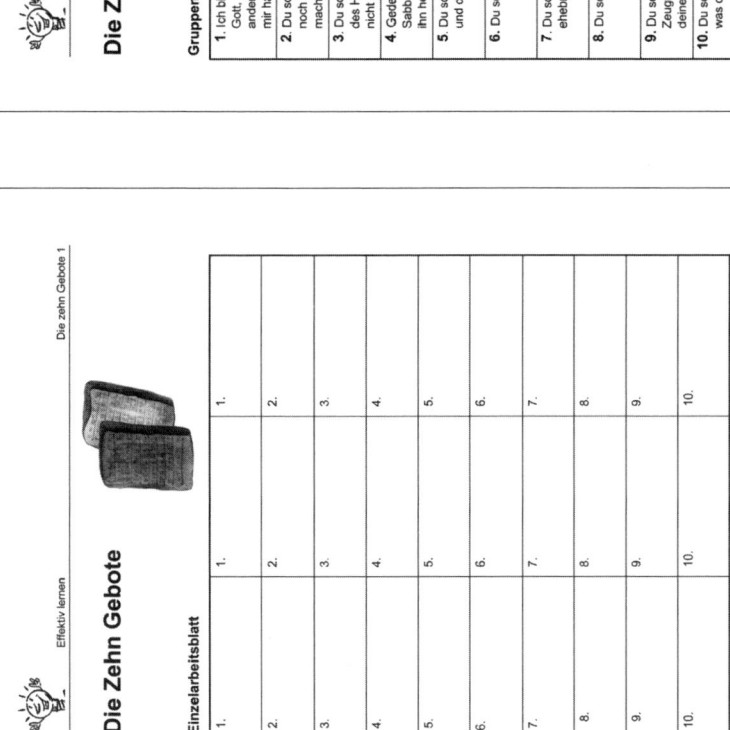

Effektiv lernen — Die zehn Gebote 2

Die Zehn Gebote

Gruppenarbeitsblatt

1. Ich bin der Herr dein Gott, ... du sollst keine anderen Götter neben mir haben.	1.
2. Du sollst dir kein Bildnis noch irgendein Gleichnis machen.	2.
3. Du sollst den Namen des Herrn deines Gottes nicht missbrauchen.	3.
4. Gedenke des Sabbattages, dass du ihn heiligst.	4.
5. Du sollst deinen Vater und deine Mutter ehren.	5.
6. Du sollst nicht töten.	6.
7. Du sollst nicht ehebrechen.	7.
8. Du sollst nicht stehlen.	8.
9. Du sollst nicht falsch Zeugnis reden wider deinen Nächsten.	9.
10. Du sollst nicht begehren, was dein Nächster hat.	10.

© Cornelsen Verlag Scriptor, Berlin · Lernkompetenz: Geschichte, Geografie …

Effektiv lernen — Die zehn Gebote 1

Die Zehn Gebote

Einzelarbeitsblatt

1.	1.
2.	2.
3.	3.
4.	4.
5.	5.
6.	6.
7.	7.
8.	8.
9.	9.
10.	10.

© Cornelsen Verlag Scriptor, Berlin · Lernkompetenz: Geschichte, Geografie …

Topografische Übungen Europa

Aufgabe 1

Die Staaten Europas: Kreuze bei den folgenden Aussagen an, ob sie richtig (r) sind oder falsch (f), und verbessere die falschen Aussagen!

r	f	Aussage	Verbesserung
		Deutschland grenzt an 8 Länder.	
		Die Hauptstadt von Ungarn heißt Prag.	
		An Spanien grenzt nur Frankreich.	
		Slowenien liegt nordwestlich von Kroatien.	
		Die Landeshauptstadt von Rumänien heißt Bukarest.	
		An Italien grenzen die Staaten Frankreich, Schweiz, Österreich, Slowenien und Kroatien.	
		Portugal ist im Westen und Süden umgeben vom Mittelmeer.	
		Die Meerenge zwischen Schweden und Finnland heißt „Bottnischer Meerbusen".	
		Die Kanalinseln liegen südlich von Italien.	
		Griechenland grenzt im Norden an Albanien, Makedonien und Bulgarien.	

Aufgabe 2

Kreuze die richtige Antwort an:
Die Meerenge zwischen Spanien und Marokko (Europa und Afrika) heißt:
☐ Ärmelkanal ☐ Straße von Gibraltar ☐ Adria ☐ Ägäis

Aufgabe 3

Bringe folgende Flüsse in die richtige Reihenfolge von West nach Ost:
a) Oder b) Loire c) Weichsel d) Rhein

Aufgabe 4

Welches der folgenden Länder grenzt nicht an das Mittelmeer?
a) Albanien b) Kroatien c) Monaco d) Portugal

Aufgabe 5

Welches der folgenden Gebirge liegt nicht in Europa?
a) Zentralmassiv b) Pyrenäen c) Apenninen d) Anden

Topografische Übungen Deutschland

Aufgabe 1

Die Bundesländer: Kreuze bei den folgenden Aussagen an, ob sie richtig (r) sind oder falsch (f), und verbessere die falsche Aussagen!

r	f	Aussage	Verbesserung
		Bayern ist das nördlichste Bundesland.	
		Thüringen grenzt im Westen an Hessen.	
		Das Saarland grenzt nur an das Bundesland Rheinland-Pfalz.	
		Die Grenze zwischen Baden-Württemberg und Rheinland-Pfalz bildet die Weser.	
		Die Landeshauptstadt von Niedersachsen heißt Wiesbaden.	
		Berlin ist umgeben von dem Bundesland Sachsen-Anhalt.	
		Mecklenburg-Vorpommern grenzt an die Ostsee.	
		Schleswig-Holstein grenzt an Schweden.	
		Die Landeshauptstadt von Thüringen ist Erfurt.	
		Baden-Württemberg, Hessen und Nordrhein-Westfalen grenzen an Bayern.	

Aufgabe 2

Kreuze die richtige Antwort an:
Der höchste Berg Deutschlands heißt:
☐ Zugspitze ☐ Watzmann ☐ Großer Arber ☐ Wasserkuppe

Aufgabe 3

Bringe folgende Flüsse in die richtige Reihenfolge von West nach Ost:
a) Oder b) Weser c) Rhein d) Elbe

Bitte diese Vorlagen von der CD-ROM ausdrucken.

Topografisches Wissen Erde

Aufgabe 1
Nenne die fünf Kontinente und ordne sie nach ihrer Größe. Beginne mit dem kleinsten!

1. _____   2. _____   3. _____
4. _____   5. _____

Aufgabe 2
Ordne die folgenden Staaten den Kontinenten Afrika bzw. (Süd-)Amerika zu!
Mali, Argentinien, Algerien, Brasilien, Tschad, Ägypten, Zimbabwe, Ecuador, Kamerun, Bolivien, Kenia, Niger

Afrika	(Süd-)Amerika

Aufgabe 3
Kreuze die richtige Antwort an:
a) Welcher der folgenden vier Flüsse fließt **nicht** in Afrika?
☐ Niger ☐ Kongo ☐ Mississippi ☐ Nil
b) Welches der folgenden Gebirge liegt auf dem europäischen Kontinent?
☐ Himalaja ☐ Pyrenäen ☐ Anden ☐ Appalachen
c) Welche der folgenden Inseln gehört **nicht** zu den Balearen?
☐ Gran Canaria ☐ Mallorca ☐ Menorca ☐ Ibiza

Ein Blick auf unseren Planeten

Jedermann weiß heute, dass die Erde eine _____ ist. Fotos aus dem Weltall beweisen das. Darum hat sich der Mensch eine „Minierde" geschaffen, den _____. Er ist ein verkleinertes A_____ der Erde. Er zeigt uns, wie die Landmassen der Erde (= _____) und die riesigen Wassermassen der Erde (= _____) zueinander liegen. Der Globus dreht sich, wie die Erde auch, um die eigene _____.

Am oberen Ende liegt der _____, am unteren Ende der _____. Der _____ teilt die Erde in eine _____ und eine _____, man kann auch sagen _____. Die gedachte _____ Linie hat eine Länge von _____ km.

Die Entfernung zwischen dem Nordpol und dem Südpol beträgt, wenn man durch den Erdmittelpunkt messen würde, _____ km.

Und nun ein Blick auf die Erdoberfläche. Der A_____ und O_____ liegt zwischen den Erdteilen _____ und _____ auf der einen Seite und _____ auf der anderen Seite. Der _____ wird von Asien, Afrika und Australien begrenzt. Der Pazifik, auch genannt der _____ Ozean, trennt die Kontinente _____ und _____. Der siebte Kontinent, die _____ liegt um den Südpol herum.

Aufgabe
Fülle in dem Text die Lücken aus. Nimm, wenn dies nötig ist, deinen Atlas zu Hilfe!

LESE-TECHNIKEN

Lesen als eine der wichtigsten Kulturtechniken muss immer wieder geübt werden. Insbesondere im gesellschaftswissenschaftlichen Unterricht ist das Lesen die wichtigste Technik, die es zu beherrschen gilt, um sich Informationen erschließen zu können.

Dass Lesen aber mehr ist als nur eine einfache Technik, wird Schülern stets dann bewusst, wenn es um das Verstehen und die Verarbeitung des Gelesenen geht. Die Schüler merken sehr schnell, dass ein einmaliges Lesen nicht ausreicht, um komplexe, anspruchsvolle Inhalte im Gedächtnis zu behalten. Sie erfahren, dass ein zweites, intensives, sehr bewusstes Lesen notwendig ist – und wünschen dies auch – um einen effektiven Zugang zu Texten zu erhalten.

Die vorliegenden Arbeitsvorhaben stützen sich auf die 5-Gang-Lesetechnik, die zunächst eingeführt sein muss:

1. Überfliegen
2. Fragen stellen
3. Gründlich lesen
4. Zusammenfassen
5. Wiederholen

Dass die jeweiligen Schritte der 5-Gang-Lesetechnik nicht dogmatisch abgearbeitet werden müssen, versteht sich von selbst. Vielmehr gilt es, Schwerpunkte zu setzen und diese auf ihre Bedeutung hin zu thematisieren. Erst wenn Schülern die Funktion der einzelnen Schritte deutlich wird, werden sie die 5-Gang-Lesetechnik auch zu Hause anwenden, ohne Aufsicht und Anleitung eines Lehrers.

Es empfiehlt sich, häufig in kleineren Gruppen zu arbeiten, um die Lerneffektivität zu erhöhen.

Klasse	Methode/Einsatz	Inhalt	Fach
6	Plakatpräsentation	Steinzeit	Geschichte
7	Lernanordnung mit Gruppen-Mind-Map	Ritterliche Lebensformen	Geschichte
7/8	Textquellenarbeit	Bauernkrieg – 12 Artikel	Geschichte
5/6	Informationssammlung	Schöpfung	Religion
6	Sinnerfassendes Lesen	Deichbau	Geografie
9/10	Informationstransfer	Bergbau in Deutschland	Geografie

STEINZEIT

Ralf Dornbusch

Klasse 6
6 Unterrichtsstunden

Schülerinnen und Schüler der 6. Klasse zeigen häufig ein sehr großes Interesse an Geschichte. Insbesondere die Auseinandersetzung mit der Ur- und Frühzeit gefällt ihnen sehr gut. Um ihnen die Möglichkeit zu bieten, sich als Experten auszubilden, suchen sie sich einen Teilbereich der Ur- und Frühzeit aus und präsentieren anschließend ihre Ergebnisse. Bei exakter Planung und Durchführung müssen sechs Unterrichtsstunden für das gesamte Vorhaben eingeplant werden.
Die einzelnen Schritte der Erarbeitung sind jeweils an eine Unterrichtsstunde gebunden.
Den Schülern muss deutlich werden, dass die systematische Erarbeitung der Inhalte durch Einhaltung der 5-Gang-Lesetechnik zum Erfolg führt. Die Reihenfolge der Arbeitsschritte in der Erstellung des Plakates muss daher unbedingt eingehalten und deren jeweilige Bedeutung immer wieder herausgestellt werden.

Ziele

- gezielt Informationen sammeln
- Informationen zusammenstellen
- Plakat erstellen
- erarbeitete Informationen präsentieren

Materialliste

- Anlage 1   Klassensatz
- Plakate
- Eddings
- Papier
- Scheren, Klebstoff

Planungsverlauf

 A **Planung**

Anlage 1: Steinzeit

1. Überfliegen (einen groben Überblick über das Thema erhalten)
Auf der Basis des vorliegenden Arbeitsblattes wird zunächst jedem
Schüler Zeit gegeben, sich über die angebotenen Themen in seinem Schul-
buch zu informieren. Die Texte werden überflogen und Bilder gesichtet.
Jeder Schüler nennt das Thema, das er für sich ausgewählt hat.

**2. W-Fragen stellen (das Formulieren von Fragen erleichtert die spätere
Zusammenfassung)**
Jeder Schüler formuliert mindestens zehn W-Fragen (z. B.: Womit wurde
in der Altsteinzeit gejagt? Wo haben die Menschen der Mittelsteinzeit ge-
wohnt? Wozu hat man Bilder an Höhlenwände gemalt? usw.)
Nachdem die Inhalte der Themenbereiche eingegrenzt und Fragen formuliert sind, bilden sich aus den Themengruppen je nach Neigung Schü-
lergruppen (nicht mehr als vier Schüler pro Gruppe).

**3. Intensiv lesen (die Lesetexte müssen verstanden werden, damit sie
später in eigenen Worten wiedergegeben werden können)**

Als Hausaufgabe sollen sich die Schüler über ihr Thema intensiv informieren und die Texte gründlich lesen. Es muss eine Mind-Map als Grundlage für den Austausch in der Gruppe angefertigt werden.

B   Skizze

Die Gruppen finden sich zusammen und tauschen sich über ihre jeweils erarbeiteten Informationen aus. Jeder stellt seine Mind-Map vor. Die Schüler verständigen sich auf eine Skizze für das zu erstellende Plakat. Jeder Schüler erhält einen speziellen Aufgabenbereich zugeordnet.

4. **Zusammenfassen (Schlüsselwörter helfen, die Zusammenfassung besser strukturieren zu können)**
   Jeder Schüler malt, verfasst Texte oder sorgt für kleine Holzmodelle, die auf das abschließende Plakat geklebt werden können.

C   Texte verfassen und korrigieren, Bilder malen

Während dieser Unterrichtsstunde müssen alle Texte, Bilder und Modelle als Einzelteile fertig gestellt werden. Die Lehrkraft sammelt am Ende der Stunde die Materialien ein (und korrigiert etwaige Fehler), damit sie zu Beginn der folgenden Stunde auf jeden Fall vorhanden sind. Nicht fertig gestellte Materialien können zu Hause beendet werden.

D   Plakate fertigstellen

Nachdem alle Materialien von den Gruppenmitgliedern auf Richtigkeit überprüft und korrigiert worden sind, werden die Einzelteile so ausgelegt, dass die Plakatgröße bestimmt werden kann. Erst dann wird auch das Papier für die Plakate ausgeteilt. Die Einzelteile werden anschließend aufgeklebt.

5. **Wiederholen**
   Als Hausaufgabe bereitet sich jeder Schüler auf die Präsentation des Plakats vor.
   Folgende Fragestellungen können ein Leitfaden zur Präsentation sein:
   WAS ist auf dem Plakat zu sehen?
   WARUM haben wir uns gerade für diese Auswahl von Texten und Bildern entschieden?

WIE klappte die Zusammenarbeit?

E Präsentation und Fragenkatalog erarbeiten

Jede Gruppe stellt ihr Plakat kurz vor. Inhaltliche Aussagen sollten nur im groben Rahmen gemacht werden, schließlich sollen sich die Schüler im Anschluss an die Präsentation jedes Plakat selbst genau anschauen. Dazu sammeln die Gruppenmitglieder jeweils fünf Fragen zu ihrem Plakat, die mit der entsprechenden Antwort versehen an die Lehrkraft weitergegeben werden.

Aus den jeweiligen Fragen erstellt die Lehrkraft für die folgende Stunde ein Arbeitsblatt mit ca. 15 Fragen.

F Plakatausstellung durchführen

Mit dem Arbeitsblatt der Fragen informieren sich die Schüler in einer Stillarbeitsphase in der Ausstellung sämtlicher Plakate über deren Inhalt. Die Plakate werden dazu gut sichtbar in der Klasse aufgehängt. Die Fragen werden allein und ohne Informationsaustausch schriftlich beantwortet.

Anschließend trifft sich jede Arbeitsgruppe zum Austausch und Besprechen ihrer Ergebnisse.

RITTERLICHE LEBENSFORMEN

Ralf Dornbusch

Klasse 7
2 Unterrichtsstunden

Diese kleine Lernanordnung zum Thema Lebens- und Herrschaftsverhältnisse im Mittelalter sollte unbedingt erst nach gründlicher Einführung der 5-Gang-Lesetechnik erfolgen. Sie ist eine Möglichkeit, das Bearbeiten eines Textes einerseits als kooperative, schülerzentrierte Unterrichtsform zu sehen, andererseits aber auch als eine Form, die Technik des „verstehenden Lernens" einzuüben.

„Wie habe ich den Text verstanden?"
„Was hast du verstanden?"
„Was ist deiner Meinung nach wichtig?"

Die Schüler sind aufgefordert sich über ihre in Einzelarbeit gewonnenen Erkenntnisse zu verständigen, sich in Kleingruppen auf wenige aussagekräftige Schlüsselwörter zu einigen und diese anschließend zu präsentieren. Somit ist jeder Schüler produktiv am Unterricht und auch am Ergebnis beteiligt.

Ziele

- Textabschnitt inhaltlich erschließen
- sich in Kleingruppen über Inhalte verständigen und auf Kernaussagen einigen

Materialliste

- Anlage 1   Klassensatz
- DIN-A4-Blankopapier
- Eddings
- sechs Plakate (mindestens DIN A2)

Planungsverlauf

 A   **Texterarbeitung**

Anlage 1a und b: Wie lebten die Ritter?

Alle Schüler erhalten jeweils ein Arbeitsblatt. Jeder Schüler wird durch Los (z. B. Kartenspiel) einer Zufallsgruppe, die jeweils nur einen Abschnitt des Textes bearbeitet, zugeordnet.
Jeder Schüler erhält 20 Minuten Zeit für die Bearbeitung des Textabschnitts nach der 5-Gang-Lesemethode. Die Zusammenfassung des Textes sollte als Mind-Map erfolgen.

B   **Verständigung in Kleingruppen**

Die Schüler finden sich in Kleingruppen zusammen und tragen sich gegenseitig anhand ihrer Mind-Maps den Inhalt des Textes vor. Pro Schüler sollte nicht mehr als eine Minute zur Verfügung stehen. Die Lehrkraft sollte mittels eines akustischen Signals den Wechsel verdeutlichen. Bereits vorgetragene Inhalte, werden vom nächstfolgenden Schüler nicht mehr wiederholt.

In einem zweiten Schritt erarbeitet die Kleingruppe die Begriffe für die zentralen Hauptäste der gemeinsamen Mind-Map. Die Ergänzung der Hauptäste durch nachrangige Nebenäste sollte alle Beiträge der Schüler berücksichtigen.

 Präsentation

Nach Losverfahren werden die Schüler ausgewählt, die den in ihrer Gruppe erarbeiteten Textabschnitt dem Rest der Klasse vorstellen. Die Mind-Maps werden in der Klasse für alle gut sichtbar aufgehängt.

Für die methodische Umsetzung bietet sich selbstverständlich auch das Gruppenpuzzle oder die Expertenrunde an. Hier treffen jeweils ein Schüler aus den Expertengruppen zusammen und tragen sich gegenseitig die Gruppenergebnisse vor.

D **Übertragen der Mind-Maps**

Die Schüler übertragen die präsentierten Mind-Maps in ihr Heft.

Hausaufgabe: Den gesamten Text lesen und Verbesserungen in die einzelnen Mind-Maps einfügen.

Tipps:
Die vorliegende Lernanordnung lässt sich selbstverständlich auf nahezu jeden anderen Text übertragen. Die Arbeit in den Gruppen muss geübt werden, Zeitvorgaben müssen unbedingt eingehalten werden.

DER DEUTSCHE BAUERNKRIEG

Ralf Dornbusch

Klasse 7/8
2 Unterrichtsstunden

Ohne Lesetechnik keine Textquellenarbeit. Die Regeln der 5-Gang-Lesetechnik können selbstverständlich auch auf die Fachmethodik übertragen werden. Die Zwölf Artikel des Memminger Gesellen Sebastian Lotzer und des Stadtpfarrers Christoph Schappeler sind das zentrale Dokument des Bauernkriegs von 1525 und eignen sich als gekürzte Quellentexte hervorragend, um mit der 5-Gang-Lesetechnik Schritte der Textquellenarbeit einzuführen.
Inwiefern die Texte weiter erläutert werden und welche inhaltlichen Grundlagen vorhanden sein müssen, um didaktischen Gesichtspunkten gerecht zu werden, hängt von der Leistungsstärke der Lerngruppe ab. Evtl. sind historische Begriffe zu klären und entsprechend in Nachschlagewerken Informationen dazu zu suchen.

Ziele

- Schritte der Textquellenarbeit kennen lernen und anwenden
- Textabschnitt inhaltlich erschließen
- sich in Kleingruppen über Inhalte verständigen und auf Kernaussagen einigen

Materialliste

- Anlage 1   Klassensatz
- Anlage 2   je Schüler eine Quelle

Planungsverlauf

 A   **Einführung in Textquellenarbeit**

Anlage 1: Quellen und Quelleninterpretation

Das Arbeitsblatt wird mit den Schülern durchgesprochen, anhand von Beispielen verdeutlicht und Fragen geklärt. Die Schüler nennen Gemeinsamkeiten und Unterschiede mit der 5-Gang-Lesetechnik. Diese können an der
Tafel vermerkt werden:

5-Gang-Lesetechnik	Textquellenarbeit
	1. Ausgangsfrage a) Was ist unser Interesse
1. Überfliegen 1. W-Fragen stellen 2. Gründlich lesen	2. Quellensuche und -bestimmung a) Quelle suchen b) Quelle überfliegen und Gattung bestimmen c) Wort- und Sachfragen klären

3. Zusammenfassen
 	
4. Wiederholen
	3. Kritik und Interpretation
	a) Ist der Text glaubwürdig?
	b) Wann, wo, von wem und für wen ist der
	   Text verfasst worden?
	c) Was sind die Schlüsselaussagen?
	d) Welche historischen Zusammenhänge
	   werden hergestellt?
	   Was muss man zusätzlich wissen?
	f) Was versucht der Verfasser mit dem Text
	   zu erreichen?

Frage: „Warum muss ich eine Textquelle kritisch lesen und beurteilen?"
Eine weitere Auseinandersetzung mit der Bedeutung von Textquellen kann
folgen.

B   Quellenarbeit

Anlage 2: Zwölf Artikel

Jeder Schüler erhält je nach inhaltlicher Ausrichtung und Textumfang eine
oder zwei Quellen zur Bearbeitung, so dass sechs Arbeitsgruppen entstehen,
die jedoch nicht gemeinsam arbeiten. Jeder Schüler soll sich zunächst mit
seiner Quelle allein beschäftigen.

C   Vergleich der Ergebnisse

Schüler mit der gleichen Quelle suchen sich einen Partner und tauschen ihre Ergebnisse aus. Die Schüler versuchen zunächst Verständnisfragen selbst zu klären.

Im nächsten Schritt finden sich die Gruppen zusammen und tauschen sich ein zweites Mal über ihre Ergebnisse aus. Sollten Fragen nicht geklärt werden können, kann jetzt der Lehrer befragt werden.

D   **Präsentation der Inhalte**

Jede Gruppe erarbeitet die Schlüsselaussagen (Was wollen die Bauern? Was sind ihre wirtschaftlichen Forderungen? Was sind ihre politischen Forderungen? Was sind ihre kirchlichen Forderungen?) der Quellen. Per Zufallsverfahren wird je ein Schüler gewählt, der die Forderungen der Bauern in eine an der Tafel vorgefertigte Tabelle einträgt.

Artikel	wirtschaftliche Forderungen	politische Forderungen	kirchliche Forderungen
1			
2			
3			
4			
5			
6			
7			
8			
9			
10			
11			
12			

Die Schüler übertragen das Tafelbild in ihre Mappe.

Je nach inhaltlicher Intention sollte die Textquellenarbeit in eine handlungsorientierte Phase münden. Jede Gruppe könnte ein Rollenspiel entwickeln, aus dem die Position der Bauern und die der Herren deutlich wird.

SCHÖPFUNG

Susanne Rave

Klasse 5/6
2 Unterrichtsstunden

Die Schüler kennen aus ihrem Unterricht verschiedene Methoden wie Mind-Mapping, mentales Visualisieren und Lesetechniken. Durch die Anwendung verschiedener Methoden wird der Umgang mit dem Text vereinfacht, die Methoden werden wiederholt und damit gefestigt. Die Übertragbarkeit auf andere (biblische) Texte wird verdeutlicht.

Das Arbeitsblatt kann variabel eingesetzt werden. Von der Vorbereitung auf einen Test am Ende einer Reihe zum Thema Schöpfung oder zum Einstieg in die Thematik am Anfang einer entsprechenden Reihe ist vieles möglich.

Ziel

- Den Text des Schöpfungsberichtes selbstständig erschließen und visualisieren

Materialliste

- Anlage 1   Klassensatz
- Bibeln oder Kopien der entsprechende Textstelle (Für 5-Gang-Lesetechnik wichtig!)

Planungsverlauf

1. Stunde

 A   **Wiederholung der Methoden**

Im Unterrichtsgespräch werden die Methoden in ihren Grundzügen wiederholt.

B   **Erarbeitung**

Die Schüler bearbeiten in Einzelarbeit ihre Aufgabe. Eine Möglichkeit für Rückfragen sollte gegeben sein.

2. Stunde

 A Erarbeitung

Die Schüler arbeiten weiter an ihren Aufgaben. Dies sollte auf jeden Fall im Unterricht und nicht als Hausaufgabe geschehen, da die Möglichkeit für Rückfragen, die bei diesem Text wichtig sind, zu Hause nicht immer gegeben ist. Für die folgende Visualisierung müssen alle Unklarheiten ausgeräumt sein.

B Präsentation

Einzelne Schüler bekommen die Möglichkeit, ihre Ergebnisse der Lerngruppe vorzustellen. Die Schülerergebnisse können dabei mit einem Episkop für alle sichtbar gemacht werden. Gibt es diese technische Möglichkeit nicht, können die Mind-Maps auch auf Plakate gezeichnet und die Bilder auf Folien gezogen werden.

DEICHBAU

Verena Speer-Ramlow

Klasse 6
1–2 Unterrichtsstunden

Seit jeher stellt das Meer eine Bedrohung für den Menschen dar. Die Bewohner der Küste müssen sich und ihre Häuser durch Befestigungen sichern. So werden schon seit etwa 1000 Jahren Deiche gebaut. Das Arbeitsblatt stellt in knapper Form Probleme dar, mit denen Menschen, die an der Küste leben, umgehen und vor denen sie sich schützen müssen.
Es bietet sich an, im Anschluss an dieses Arbeitsblatt einen Film zum Thema Sturmfluten zu zeigen und ein Modell eines Deiches zeichnen oder basteln zu lassen.

Ziele

- Einen Text sinnerfassend lesen
- Schlüsselbegriffe erkennen
- mit Hilfe von Schlüsselbegriffen einen Text mündlich wiedergeben.

Material

- Anlage 1   Klassensatz

Planungsverlauf

 A   **Bearbeitung der Aufgabe/Zeitrahmen**

Die Regeln der 5-Gang-Lesetechnik müssen die Schüler beherrschen, damit der Inhalt des Textes erschlossen werden kann.

Anlage: Deichbau

Die Schüler sollten für die Bearbeitung des Textes mindestens 20 Minuten Zeit haben.
Um die Ergebnisse mündlich angemessen zusammenfassen zu können, sollten die Schüler zunächst ihre Ergebnisse einem Partner mitteilen. Hierzu würde sich die Methode des Doppelstuhlkreises anbieten. Haben sie sich über die Ergebnisse ausgetauscht und sich gegenseitig ergänzt, werden sie eine größere Sicherheit haben, um auch vor der Klasse sprechen zu können.

BERGBAU IN DEUTSCHLAND

Harald Müller

Klasse 10
2 Unterrichtsstunden

Die wirtschaftliche Bedeutung des Tagebaus in Deutschland ist weitgehend einer kulturhistorischen gewichen. Da sich dieser Strukturwandel aber immer noch vollzieht und von der Lebenswirklichkeit der Schüler nicht allzu weit entfernt ist, eignet sich dieses Thema gut, um wirtschaftliche Veränderungsprozesse exemplarisch zu thematisieren. Überdies bietet das Thema viele Möglichkeiten, allgemeine Lerntechniken mit fachspezifischen Methoden zu verknüpfen.

Ziele

- Textverständnis und -analyse
- Räumliche Orientierung
- Übertragung von Sachkenntnissen auf andere räumliche Beispiele

Materialliste

- Anlage 1 und 2   Klassensatz
- Atlas   Klassensatz
- Fischer Weltalmanach
- Allgemeines Lexikon
- Wandkarte Europa

Planungsverlauf

 A   **Textarbeit**

Anlage 1: Arbeitsblatt

Jeder Schüler erhält eine Kopie des Pressetextes mit der Aufgabe, ihn mit der 5-Gang-Lesetechnik zu lesen. Anschließend wird der Text in Einzelarbeit markiert und strukturiert. Die Schüler notieren unverständliche Passagen und unbekannte Fachbegriffe.

Nun werden je nach Anzahl der verfügbaren Lexika per Losverfahren Gruppen festgelegt. In Gruppenarbeit erörtern die Schüler nun die unklaren Textabschnitte und schlagen die ihnen fremden Begriffe nach.

B Sicherung auf einer Mind-Map

Sind alle Unklarheiten bezüglich des Textinhaltes beseitigt, fertigt die Gruppe eine Mind-Map zum Text an und berücksichtigt darin die Beiträge aller Gruppenmitglieder.

Die Gruppenarbeit in A und B sollte so organisiert werden, dass verschiedene Gruppenmitglieder für verschiedene Aspekte der Gruppenarbeit verantwortlich sind (z. B. Zeitnahme, Nachschlagen im Lexikon, Schreiben der Mind-Map)

C Textauswertung

Im Klassengespräch wird der Text nun bewertet. Hierbei sollte die Position des Autors genauso thematisiert werden wie eventuelle weiterführende Kenntnisse der Schüler zum Thema Bergbau. Ziel sollte es sein, die Schüler zu einem kritischen Umgang mit Texten zu veranlassen.

D Atlasarbeit

Anlage 2: Bergbau in Deutschland – Kartenarbeit

Für diese Arbeitsphase werden wieder per Losverfahren Zweiergruppen gebildet, wobei jede Gruppe mit einem Atlas und gegebenenfalls einem Almanach ausgestattet ist.

Die Schüler bekommen nun die Anlage 2 ausgeteilt und bearbeiten gemeinsam die Aufgabenstellungen zum Tagebau in anderen europäischen Ländern.

E Auswertung

Im Klassengespräch werden nun die Ergebnisse der Atlasarbeit an der Tafel gesammelt (Wandkarte Europas aufhängen). Hierbei sollte der Lehrer die wirtschaftsstrukturellen Aspekte in einen größeren Zusammenhang stellen und die Punkte „EU-Erweiterung" und „Alternative Energieträger" thematisieren. Der Erfolg hängt natürlich von der Diskussionsfreudigkeit der jeweiligen Klasse ab!

F   Transfer

Vor dem Hintergrund des Klassengespräches bekommen die Schüler in den bestehenden Zweiergruppen eine Stichwortkarte mit einem europäischen Land ausgeteilt. Die Schüler erarbeiten nun einen Vergleich Deutschlands mit dem Land auf der Karte.

Aufgabe:
Sammelt alle Infos, die ihr zum Thema Energieversorgung/-verbrauch in Deutschland und dem Land auf der Karte finden könnt.
Vergleicht die Länder miteinander und verdeutlicht Gemeinsamkeiten und Unterschiede auf einem DIN-A3-Bogen (Visualisierungstechniken!)

Lesetechniken   Steinzeit

Die Steinzeit

Erstellt ein Plakat, auf dem nachzulesen ist, wie die Menschen während der Steinzeit gelebt haben.

Themen:

- Nahrung in der Steinzeit
- Behausungen der Steinzeit
- Jagd in der Steinzeit
- Frauen in der Steinzeit
- Freizeit in der Steinzeit

Gestaltet das Plakat übersichtlich, informativ und so interessant, dass es in einer anschließenden Ausstellung zum Lesen einlädt.

1. Zunächst müsst ihr euch über das Thema informieren. Nutzt insbesondere euer Geschichtsbuch. ÜBERFLIEGEN / W-FRAGEN STELLEN / INTENSIV LESEN!
2. Plant dann die Gestaltung eures Plakats. Wie soll es später aussehen? Macht eine kurze Skizze.
3. Schreibt dann kurze und interessante Texte. Bilder werden gemalt oder gezeichnet. ZUSAMMENFASSEN!
4. Die Texte und Bilder werden auf das Plakat geklebt. Vergesst die Überschrift nicht!
5. Für eine Kurzpräsentation sollte jeder Schüler der Gruppe einen Teil des Plakats der Klasse erklären. WIEDERHOLEN!
6. Alle Plakate werden ausgestellt.
7. Abschließend erhaltet ihr von euren Mitschülern eine Rückmeldung (Lob und Kritik).

Viel Erfolg!

Lesetechniken   Ritterliche Lebensformen 1

Wie lebten die Ritter?

1 Entstehung des Ritterstandes

Im 12. und 13. Jahrhundert waren in Europa die Ritter dem Adel gleichgestellt und angesehene Leute. Das war nicht immer so. So waren z. B. die germanischen Bauern bewaffnet und zum Kriegsdienst verpflichtet. Seit dem 8. Jahrhundert aber entzogen sich die freien Bauern ihrer Heerespflicht und unterstellten sich dem Schutz eines Grundherrn, um nicht in den Krieg ziehen zu müssen. Der Grundherr stellte unfreie Knechte in seinen Dienst, die für den Kriegsfall mit eisernem Panzer, Schild, Schwert und Lanze ausgerüstet wurden und für den Kampf zu Pferd trainiert sein mussten. Diese schwer gepanzerten Reiter bildeten dann im Laufe der Zeit einen eigenen Stand, den der Ritter. Als Dienstleute ihres Herrn – des Königs oder eines weltlichen oder geistlichen Fürsten – bekamen sie für ihre Arbeit als Krieger ein Landgut mit den dazugehörigen Bauern als „Lehen" übertragen. So konnten sie wie Adelige leben. Im 11. und 12. Jahrhundert ging der neue Ritterstand im Adelsstand auf. In dieser Zeit hatten die Dienstleute oder Ministerialen und die Adeligen das gleiche Ideal: als schwer gepanzerte Reiter zu kämpfen und sich Ruhm zu erwerben. Da die Ministerialen inzwischen auch über eigene Ländereien verfügten, die sie für ihre Dienste erhalten hatten, waren sie auch wirtschaftlich dem Adel gleichgestellt. Die Ministerialen bildeten seit dem 12. Jahrhundert zusammen mit dem Geburtsadel die Oberschicht in der Gesellschaft des Mittelalters: das Rittertum.

2 Was ein Ritter können musste

Um Ritter zu werden, musste der Page (junger Adeliger) an einem fremden Adelshof in die „Lehre" gehen. Mit 14 Jahren wurde er zum Knappen gemacht. Er lernte, die Pferde zu striegeln und aufzuzäumen, in voller Rüstung zu reiten und mit Schwert und Lanze zu kämpfen, im Krieg oder einer Fehde (Kleinkrieg zwischen Adeligen) die Lanze seines Herrn zu tragen und dessen Kriegsschild und Panzer in einem Sack mitzuschleppen. Er lernte die dem Adel vorbehaltene Jagd kennen und den Herrn und dessen Gäste in höfischen Formen zu bedienen und zu betreuen. Mit 21 Jahren wurde der Knappe durch Schwertleite und Ritterschlag zum Ritter erhoben. Dies geschah nach einem bestimmten Zeremoniell. Es sollte dem jungen Edelmann sinnbildlich vor Augen führen, dass Rittertum nicht nur Rechte, sondern auch Pflichten in

der Gemeinschaft der Besten und Auserwählten aufgibt: Der wahre Ritter streitet zum Schutz des Glaubens und der Gerechtigkeit, er hilft den Schwachen und Unterdrückten. Die Farben Weiß, Rot und Schwarz seines Gewandes, in dem er vor dem Altar den Rittereid leisten wird, sollen ihn an die Reinheit seines Lebens, an die Rittertugenden „maze", Selbstbeherrschung, Zucht und Treue, an das Blutvergießen Christi um der Liebe zu den Menschen willen und an den Tod erinnern.

Quellen und Quelleninterpretation

Historische Quellen sind Überreste der Vergangenheit. Diese Quellen existieren als **Texte** (schriftliche Quellen), **Gegenstände** (Werke/Dinge/Sachgüter) und auch als **Tatsachen** (Zustände; z. B.: Sprachen, Namen usw.). Darüber hinaus gibt es seit jüngerer Zeit auch historische Quellen als **Zahlendaten**, als **Film** oder **Tonaufnahme**. Auch die von der „Oral History" produzierten **Aussagen** und **mündlichen Berichte** von Zeitzeugen stellen einen Quellentyp dar.

Stufen der Quellenarbeit (Textquelle)

1. Ausgangsfrage

- Was ist unser Interesse? Was wollen wir wissen/erfahren?

2. Quellensuche und -bestimmung

- Quellen suchen
- Quelle überfliegen und Gattung bestimmen
  (Urkunde, Gesetzestext, Akte, Brief, Zeitung, Rede usw.)
- Wort- und Sachfragen klären

3. Kritik und Interpretation

- Ist der Text glaubwürdig?
- Wann, wo, von wem und für wen ist der Text
  verfasst worden?
- Was sind die Schlüsselaussagen?
- Welche historischen Zusammenhänge werden hergestellt?
- Welche Position nimmt der Verfasser ein?
- Was versucht der Verfasser mit dem Text zu erreichen?

Lesetechniken

Der Deutsche Bauernkrieg 2

Die Zwölf Artikel

Gruppe 1

Der erste Artikel

„Zum Ersten ist unser demütigt Bitt und Begehr, auch unser aller Wille und Meinung, dass wir nun fürderhin Gewalt und Macht haben wollen, dass die ganze Gemeinde ihren Pfarrer selbst erwählen und kiesen soll; auch Gewalt haben, denselbigen wieder abzusetzen, wenn er sich ungebührlich verhalten sollte. Der selbige erwählte Pfarrer soll uns das heilige Evangelium lauter und klar predigen, ohne allen menschlichen Zusatz, Lehre und Gebot, nichts als den wahren Glauben uns stets verkündigen [...]

Der zwölfte Artikel

„Zum Zwölften ist unser Beschluss und unsere endgültige Meinung: Wenn einer oder mehr Artikel allhier aufgestellt sein sollten, die dem Worte Gottes nicht gemäß – wie wir denn nicht vermeinen –: dieselbigen Artikel wolle man uns auf Grund des Wortes Gottes als ungebührlich erweisen, so wollten wir davon abstehen, wenn man uns den Nachweis mit Begründung aus der Schrift führt [...]"

Die Zwölf Artikel

Gruppe 2

Der dritte Artikel

„Zum Dritten ist der Brauch gewesen, dass man bisher behauptet hat, wir seien Eigenleute, was zum Erbarmen ist, in Anbetracht dessen, dass uns Christus alle mit seinem kostbaren Blutvergießen erlöst und losgekauft hat – den Hirten ebenso wie den Höchsten, keinen ausgenommen. Darum ergibt sich aus der Schrift, dass wir frei sind, und deshalb wollen wir's sein. Nicht, dass wir völlig frei sein und keine Obrigkeit haben wollen: Das lehrt uns Gott nicht. [...] Vielmehr sollen wir nicht allein Obrigkeit gehorsam, sondern wir sollen demütig gegen jedermann sein, auch gegen unsere erwählte und gesetzte Obrigkeit (so uns Gott gesetzt ist) in allen gebührenden und christlichen Dingen freiwillig Gehorsam üben [...]"

Lesetechniken   Deichbau

Leben an der Küste

Menschen, die an der Küste leben, sind immer besonderen Gefahren ausgesetzt. Hier herrschen die Gezeiten, Ebbe und Flut. Bei starkem Wind kann die Flut zur Sturmflut werden, die in den vergangenen Jahrhunderten viele Menschenleben gefordert hat. Menschen konnten sich nicht rechtzeitig in Sicherheit bringen und sind in den Fluten ertrunken.

Seit etwa 1000 Jahren sehen es die an der Küste lebenden Menschen als ihre Aufgabe, sich vor der Sturmflut zu schützen. Sie errichteten Deiche aus Sand und Schlick. Besonders schweren Sturmfluten hielten diese Deiche aber nicht immer stand. Entweder brachen sie unter der gewaltigen Kraft der Wellen, oder sie waren für den stark ansteigenden Meeresspiegel zu flach, sodass sie vom Meerwasser überspült wurden. Oft riss das Wasser Erde aus der Böschung und der Deich brach ein.

Immer wieder wurden die Pläne für den Deichbau überarbeitet. Die Deiche wurden höher und breiter. Heute hat ein Deich eine Höhe von knapp 9 Metern (vor 1963 waren dies etwa 5,50 Meter) und eine Breite von knapp 100 Metern (vor 1963: gut 30 Meter). Außerdem ließ man die Deiche zur Meerseite hin flacher abfallen, um auftreffende Wellen zu brechen und sie dadurch zu entkräften. Die Böschungen der Deiche sind mit Gras bewachsen, das von weidenden Schafen stets kurz gehalten wird. Der ins Meer reichende Teil des Deiches ist, ähnlich einer Böschung, mit dicken Steinen, Asphalt oder Beton gesichert. Dies soll ebenfalls den Deich vor der Einwirkung des Meeres schützen.

Aufgabe

Erschließe die Lesetechniken nach der 5-Gang-Lesetechnik, so dass du anschließend deine Mitschüler über den Deichbau informieren kannst.

© Cornelsen Verlag Scriptor, Berlin · Lernkompetenz: Geschichte, Geografie...

Lesetechniken   Schöpfung

Die Schöpfungsgeschichte

Aufgaben

- Suche in deiner Bibel Genesis 1,1 – 2,4.
- Lies dir den Text mit der 5-Gang-Lesetechnik genau durch, markiere und strukturiere ihn so, dass du die Ergebnisse der Schöpfungstage in Form einer Mind-Map darstellen kannst.
- Finde dann für jeden der Schöpfungstage ein geeignetes Symbol. Zeichne dieses in das entsprechende Kästchen auf deinem Arbeitsblatt.
- Mit der Hilfe der Symbole und der Mind-Map kannst du die Inhalte der Schöpfungstage lernen und wiederholen.

© Cornelsen Verlag Scriptor, Berlin · Lernkompetenz: Geschichte, Geografie ...

Bitte diese Vorlagen von der CD-ROM ausdrucken.

Lesetechniken   Bergbau in Deutschland 2

Bergbau in Europa

1. Sucht euch im Atlas eine geeignete Karte und tragt die Kohle-
   Abbaugebiete in die Karte des Arbeitsblattes ein. Benutzt die gleichen
   Symbole wie im Atlas!

2. Versucht nun herauszufinden, welche wirtschaftliche Bedeutung die
   Kohlevorkommen für die betreffenden Länder haben (Almanach!)! Haltet
   die Ergebnisse Deutschlands und der anderen Kohle fördernden Länder in
   einem Tabellenvergleich fest.

© Cornelsen Verlag Scriptor, Berlin · Lernkompetenz: Geschichte, Geografie ...

MARKIEREN, STRUKTURIEREN, NOTIEREN

Das Üben von sinnvollem Markieren und Strukturieren stellt häufig ein Problem dar. Texte, die im Lehrbuch abgedruckt sind, dürfen nicht markiert werden und die Kopierflut verursacht unnötig hohe Kosten. Zudem kommt es häufig vor, dass viel zu viele nebensächliche Informationen markiert werden. Diese Markierungen sind dann aber kaum mehr rückgängig zu machen. Das Auflegen einer Blankofolie auf den Text und die Verwendung von abwaschbaren Folienstiften können dazu beitragen, das Markieren häufiger üben zu können. Zudem können Markierungsfehler rückgängig gemacht werden.

Einheitliche Markierungsregeln, z. B. Schlüsselwörter mit Textmarker, Nebeninformationen mit einem Fineliner, weitere Nebeninformationen mit einer anderen Farbe usw., bieten den Vorteil, dass die Schüler ihre Arbeitsblätter austauschen können und doch verständlich bleiben. Allerdings sollten persönliche Neigungen (Farbe) nicht unterdrückt werden, schließlich bleibt das Markieren von Texten auch immer Ausdruck einer ganz persönlichen Wertung des Inhalts.

Klasse	Methode/Einsatz	Inhalt	Fach
6	Texterarbeitung	Abfallprobleme	Geografie
9/10	Texterarbeitung	Der Weg zur Europäischen Union	Geografie/ Politik
7	Notizen visualisieren	Zonen und Höhen	Geografie
6	Texterarbeitung	Braunkohle	Geografie

ABFALLPROBLEME

Verena Speer-Ramlow

Klasse 6
1 Unterrichtsstunde

Das Thema gehört zum größeren thematischen Bereich „Versorgung und Entsorgung" in den Klassenstufen 5 und 6. Da es sich hier um eine Form der Texterschließung handelt, sollte es in Klasse 6 behandelt werden, damit die methodischen Grundkenntnisse vorhanden sind.
Das Ziel ist, den Schülerinnen und Schülern zunächst einen Überblick über Abfallmengen, „Arten" des Mülls und deren Sortierung zu geben. Daran schließt sich eine Phase der Sensibilisierung an, in der über das eigene Verhalten z. B. beim Trennen von Abfällen nachgedacht wird.

Ziele

- Einen Text sinnentnehmend lesen
- Schlüsselbegriffe erkennen
- den Text so strukturieren, dass der Inhalt in Form einer Mind-Map gegliedert zusammengefasst werden kann

Material

- Anlage 1   Klassensatz

Planungsverlauf

 A   **Bearbeitung der Aufgabe**

Die Regeln der beiden Methoden Markieren/Strukturieren und Mind-Mapping werden als bekannt vorausgesetzt.

Anlage: Müll

Das Schülerarbeitsblatt wird ausgeteilt und die Aufgabe erläutert. Die Bearbeitung der Aufgabe erfolgt in Einzelarbeit. Das unter der Aufgabe abgedruckte Rätsel dient zunächst der Beschäftigung derjenigen Schüler, die die Aufgabe flott erledigt haben. Leistungsschwächere Schüler, die für die Bearbeitung des Textes und das Erstellen der Mind-Map länger brauchen, können die Zusatzaufgabe auch zu Hause erledigen.

B **Zeitrahmen**

Für das Lesen und Markieren des Textes und das Erstellen der Mind-Map sollten, je nach Leistungsstand der Klasse, bis zu 30 Minuten eingeplant werden. Dies hängt auch davon ab, mit welcher Sorgfalt die Mind-Map angelegt wird.
Ein gründlicher Austausch der Ergebnisse muss unbedingt erfolgen. Ob dieser durch den bloßen Vergleich der Haupt- und Unteräste erfolgt oder schon eine mündliche Zusammenfassung des Textes darstellt, sollte wiederum von den Möglichkeiten der Lerngruppe abhängig gemacht werden.

Tipp:
Die Lösung lautet:
Waagrecht: Restmüll, Industrie, Abfall, Gelber Sack
Senkrecht: Müll

DER WEG ZUR EUROPÄISCHEN UNION

Verena Speer-Ramlow

Klasse 9
1 Unterrichtsstunde

Im Mittelpunkt stehen in der 9. Klasse nicht mehr die rein geografischen Fragen zu Europa, sondern es werden politische Themen stärker ins Blickfeld gerückt. So wird auch hier bei der Entstehung der Europäischen Union über die Konsequenzen nachgedacht und in Ansätzen sogar geurteilt.
Dieses Arbeitsblatt ermöglicht einen ersten Überblick über den Weg von der EWG zur EU, der im weiteren Verlauf der Unterrichtseinheit dann mit weiteren Details (z. B. Vertrag von Maastricht, Binnenmarkt Europa) ergänzt werden sollte.

Ziele

- Einen Text sinnentnehmend lesen
- Schlüsselbegriffe erkennen
- den Text so strukturieren, dass der Inhalt in Form einer Mind-Map gegliedert zusammengefasst werden kann
- den Inhalt des Textes mit Hilfe ihrer Aufzeichnungen mündlich wiedergeben

Material

- Anlage 1 Klassensatz

Planungsverlauf

 A **Bearbeitung der Aufgabe**

Die Regeln des Markierens/Strukturierens und des Mind-Mappings müssen bekannt sein.

Anlage: Der Weg zur Europäischen Union

Das Schülerarbeitsblatt wird ausgeteilt und die Aufgabe erläutert. Die Erledigung der Aufgabe erfolgt in Einzelarbeit. Es bietet sich an, quasi als eine zusätzliche Sicherung des Inhalts, die erste mündliche Zusammenfassung in Partnerarbeit oder in der Kleingruppe vorzunehmen. Auch der Doppelstuhlkreis ist eine geeignete Methode.

Im Anschluss daran können dann die Ergebnisse im Plenum vorgetragen werden. Diese Vorgehensweise hat den Vorteil, dass die Schüler den Inhalt noch einmal zusätzlich gehört und auch den mündlichen Vortrag geübt haben. Dies gibt ihnen Sicherheit beim Sprechen vor der gesamten Klasse.

 B **Zeitrahmen**

Für das Lesen und Markieren des Textes und das Erstellen der Mind-Map müssen etwa 20 – 25 Minuten eingeplant werden. Erfolgt der mündliche Austausch zunächst mit einem Partner oder in der Kleingruppe, so wird der Vortrag vor der Klasse eventuell in die darauf folgende Stunde verlegt werden müssen.

ZONEN UND HÖHEN

Verena Speer-Ramlow

Klasse 7
1 Unterrichtsstunde

Im Unterricht, bei einem Vortrag oder Film gut zuzuhören und sich gleichzeitig Notizen zum Inhalt zu machen fällt vielen Schülern schwer.
Mit den vorliegenden Beispielen sollen die Schüler sich nicht nur Fachinhalte erschließen, sondern auch gleichzeitig üben, die wesentlichen Informationen z. B. eines gehörten Textes zu notieren und dann in einen konkreten Arbeitsauftrag einzubringen.

Ziel

- Zonen der Erde kennen
- wichtige Informationen aus einem vorgelesenen Text herausarbeiten

Material

- Anlage 1   Klassensatz
- Anlage 2   Klassensatz

Planungsverlauf

 A   **Erläuterung der Vorgehensweise**

Die Schüler werden darüber informiert, dass sie sich zu dem nachfolgenden, vom Lehrer vorgetragenen, Text Notizen machen sollen. Gleichzeitig werden sie an die Regeln des „Notizenmachens" erinnert:

Deine Notizen müssen kurz und klar sein – keine langen Sätze, einzelne Stichpunkte genügen!
Deine Notizen müssen gut lesbar sein!
Schreibe nicht zu eng, so dass du später noch Ergänzungen machen kannst!

B   **Mündlicher Vortrag des Textes**

Anlage 1: Die Zonierung der Erde

Der Text wird vom Lehrer langsam vorgelesen. Bei Bedarf kann er wiederholt werden.

 Bearbeitung des Arbeitsblattes

Das Schülerarbeitsblatt wird ausgeteilt und gegebenenfalls kurz erläutert. Der Arbeitsauftrag bezieht sich auf die erste der beiden Abbildungen! Im Anschluss daran wird den Schülern der vorgelesene Text ausgeteilt, so dass sie bei selbstständigem Lesen neben dem Text entsprechende Notizen machen können.

Anlage 2: Höhenstufen am Kilimandscharo

Mit Hilfe der Aufzeichnungen sollen die Schüler dann die zweite Abbildung erneut unter derselben Aufgabenstellung bearbeiten. Abschließend sollten die Ergebnisse verglichen und Unterschiede der Notizen bei einem gehörten und einem gelesenen Text deutlich herausgestellt werden.

BRAUNKOHLE

Verena Speer-Ramlow

Klasse 6
2 Unterrichtsstunden

Die Bearbeitung setzt Grundkenntnisse zum Thema Braunkohle voraus. Begriffe wie Lagerstätte – Energieversorgung – umsiedeln – Grundbesitz – Humusbildung müssen bekannt sein. Unklarheiten können zwar zunächst erfragt werden, doch soll der Grad der eigenständigen Bearbeitung möglichst hoch sein.

Ziele

- Einen Text sinnentnehmend lesen
- Schlüsselbegriffe erkennen
- den Text so strukturieren, dass der Inhalt in Form einer Mind-Map gegliedert zusammengefasst werden kann
- den Inhalt des Textes mündlich wiedergeben
- einen einfachen Vortrag als Mind-Map notieren

Material

- Anlage 1   halber Klassensatz auf farbigem Papier (z.B. gelb)
- Anlage 2   halber Klassensatz auf andersfarbigem Papier (z.B. grün)

Planungsverlauf

 A   **Erläuterung der Vorgehensweise**

Nachdem die erforderlichen Methoden wiederholt wurden, wird der Ablauf der einzelnen Arbeitsschritte verdeutlicht.
Es gibt zwei verschiedene Arbeitsblätter, die thematisch beide zu dem Bereich Braunkohle zählen. Diese Arbeitsblätter ergänzen sich, d. h. erst wenn die Schüler beide Texte kennen, haben sie eine umfassende Kenntnis des Inhalts.

Die Arbeitsblätter werden gruppenteilig behandelt. Es bietet sich an, nach Leistungsstand zu differenzieren, der Text der Anlage 2 ist leichter verständlich als der von Anlage 1. Die Aufgabe zu beiden Texten ist gleich. Die Schüler können selbstverständlich Fragen zum Textverständnis stellen.

Die Aufgabe wird zunächst in Einzelarbeit erledigt. Im Anschluss daran erfolgt der Austausch über die Inhalte der Texte in Partnerarbeit, bei der sich Partner jeweils aus beiden Gruppen zusammenfinden. Die Partnerarbeit kann im Doppelstuhlkreis erledigt werden.

Ablauf der Partnerarbeit:
1. Schüler 1 erläutert seinem Partner seine Mind-Map in einem zusammenhängenden Text.
2. Schüler 2 hört zu und versucht aus dem Gesagten eine eigene Mind-Map zu entwickeln.
3. Schüler 1 spricht langsam und wiederholt ggf.
4. Schüler 2 fragt immer wieder nach, wenn etwas nicht klar ist. Dies sollte mit folgenden Satzanfängen eingeleitet werden:
   „Habe ich richtig verstanden, dass ..."
   „Hast du gerade gemeint, dass ..."
   „Ich habe verstanden ... Ist das richtig?"
5. Schüler 2 gibt die Inhalte und die Struktur seiner Mind-Map, also das, was er verstanden hat, mündlich wieder.
6. Schüler 1 vergleicht mit seiner eigenen Mind-Map und ergänzt oder korrigiert gegebenenfalls.

WICHTIG: Während des gesamten Ablaufes darf niemand auf die Unterlagen seines Partners schauen.

Wird diese Partnerarbeit im Doppelstuhlkreis erledigt, sollte ein zweiter Durchgang vorgenommen werden. Dies sichert, dass der Text auch von Schüler 1 wirklich verstanden und vollständig wiedergegeben wurde. In diesem Durchgang genügt es, wenn anhand der vorliegenden Mind-Map der Inhalt verfolgt wird. Dann werden die Rollen getauscht, Schüler 2 trägt Schüler 1 unter Beachtung derselben Regeln den Inhalt seines Textes vor. Im Anschluss daran erfolgt die Vorstellung der jeweils „fremden" Texte im Plenum. Hierbei kann man die Lerngruppe auch wieder teilen und sich in Reihen gegenüber platzieren. So sitzen sich „Experten" und „Nicht-Experten" gegenüber und können sich leicht ergänzen und verbessern.

Müll

Der Abfall bzw. Müll ist in der heutigen Zeit ein großes Problem. Jeder Mensch produziert jeden Tag Müll. In einem Jahr sind dies bei einem Einwohner Deutschlands im Durchschnitt 333 kg. Besonders viel Abfall entsteht durch Verpackungen. Den Müll tragen wir seit einigen Jahre getrennt zusammen. In einer blauen Tonne sammeln wir Papiermüll, in einer grünen Tonne den Bio-Müll (kompostierbare Abfälle), in den gelben Säcken Plastikmüll, in den roten Eimern Sondermüll, wozu Spraydosen, Farben, Lacke, Batterien usw. gezählt werden. In den grauen Tonnen sammeln wir den Restmüll, der keiner anderen Farbe zugeordnet werden kann.

In Deutschland fielen im Jahr 1990 fast 300 Millionen Tonnen Abfälle an (1 Tonne entspricht 1000 kg!).

Mehr Abfall als im Haushalt wird in der Industrie produziert. Zu diesen Abfällen gehören auch häufig giftige Stoffe, wie Chemikalien, Öle, Metallstoffe usw., die als „Sondermüll" bezeichnet werden. Solche Stoffe können gefährlich für die Umwelt sein, daher müssen sie besonders kontrolliert entsorgt werden.

Die Beseitigung der Abfallstoffe aus Haushalt und Industrie geschieht auf unterschiedliche Weise. So gibt es unter anderem Mülldeponien, Müllverbrennungsanlagen, Kompostierungsanlagen und chemisch-physikalische Behandlungsanlagen.

Aufgabe

Lies den Text sorgfältig durch.

Nimm einen Textmarker und Farbstifte zur Hand und markiere Haupt- und Nebeninformationen.

Fasse anschließend den Inhalt des Textes in einer Mind-Map übersichtlich zusammen.

Das folgende Rätsel enthält 5 wichtige Begriffe aus dem Text. Findest du sie?

M	A	H	G	L	Ö	Q	M	H	P
Ü	G	R	E	S	T	M	Ü	L	L
L	O	L	M	M	Z	E	K	L	Ö
L	I	N	D	U	S	T	R	I	E
I	J	J	O	L	W	K	P	A	L
Ö	L	K	T	M	G	B	C	U	M
A	B	F	A	L	L	Ö	M	B	U
Q	K	J	U	L	Ö	H	T	G	L
G	E	L	B	E	R	S	A	C	K

Markieren, Strukturieren, Notieren   Die Entstehung der EU

Der Weg zur Europäischen Union

Der Zweite Weltkrieg dauerte von 1939 bis 1945. Nach dem Ende des Krieges setzten sich einige Staaten Europas das Ziel, den Frieden auf Dauer zu sichern. Der ehemalige britische Premierminister Winston Churchill sagte damals:
„Wenn Europa einmal einträchtig sein gemeinsames Erbe verwalten würde,
dann könnten seine dreihundert oder vierhundert Millionen Einwohner
ein Glück, einen Wohlstand und einen Ruhm ohne Grenzen genießen. {...}
Wir müssen eine Art Vereinigter Staaten von Europa schaffen. {...}
Man wollte die Lebensbedingungen (Arbeitsplätze, Wohnungen, Straßennetz usw.) rasch verbessern und dafür sorgen, dass die Wirtschafts- und Handelsbeziehungen weiter ausgebaut werden. Sechs Länder (die Bundesrepublik Deutschland, Belgien, Frankreich, Italien, die Niederlande und Luxemburg) schlossen sich deshalb im Jahr 1957 zur Europäischen Wirtschaftsgemeinschaft (EWG) zusammen. Diese Gemeinschaft hatte sich zum Ziel gesetzt, die Entwicklung Europas auf wirtschaftlichem Gebiet voranzutreiben. Eine wichtige Neuerung war, dass zwischen den beteiligten Staaten keine Zölle mehr gezahlt werden mussten. So konnten z.B. Lebensmittel innerhalb dieser Staaten problemlos ausgetauscht werden. Gegenüber anderen Staaten konnte man sich durch Außenzölle schützen. Auch das Reisen innerhalb der EWG wurde erleichtert. Im Jahr 1967 schlossen sich der EWG zwei Wirtschaftsgemeinschaften an (EGKS + EURATOM) und so entstand die Europäische Gemeinschaft (EG). Der Grundgedanke der EG fand bei anderen Staaten Europas großen Anklang und so schlossen sich im Jahr 1973 Dänemark, Großbritannien und Irland an, 1981 trat Griechenland der Gemeinschaft bei, 1986 die Länder Spanien und Portugal. Im Jahr 1992 gab es weitere Änderungen in der Grundidee der EG. Man wollte auf noch mehr Gebieten zusammenarbeiten, so z.B. in Fragen des Umweltschutzes, der Offenheit gegenüber Ausländern, bei der Friedenssicherung, bei der Rechtssprechung der Gerichte usw. Mit diesen Veränderungen gab man der Europäischen Gemeinschaft nun den Namen Europäische Union (EU). 1995 traten Österreich, Finnland und Schweden der Europäischen Union bei.

Aufgabe

Bearbeite den Text, indem du ihn markierst und strukturierst. Fertige aus deinen Ergebnissen eine Mind-Map an, mit der du dann den Inhalt des Textes mündlich weitergeben kannst.

Die Zonierung der Erde

Aufgabe

Zeichne mit Hilfe deiner Notizen die Vegetationszonen in die Zeichnung ein. Trage anschließend auch die Temperaturangaben in Form einer Temperaturkurve links in die Zeichnung ein.
Denke daran, dass die Höhenangaben eine wichtige Rolle spielen. Beschrifte deine Zeichnung!

Temperatur

4000–5000m
3000–4000m
2000–3000m
1000–2000m
0–1000m

20 15 10 5 0 °C

Temperatur

4000–5000m
3000–4000m
2000–3000m
1000–2000m
0–1000m

20 15 10 5 0 °C

Höhenstufen am Kilimandscharo

Jedes Jahr wandern Hunderte von Touristen auf den 5895 m hohen Kilimandscharo in Afrika (Tansania). Auch Eva hat diesen Aufstieg mit zehn Freunden und einem Bergführer gewagt. Was sie unterwegs beobachtet hat, beschreibt sie folgendermaßen:

„Schon früh am Morgen sind wir losgegangen. Zunächst haben wir die Savanne gesehen. Bis zu einer Höhe von etwa 1000 Metern war es die Grassavanne, die dann anschließend in die Baumsavanne übergeht. Hier gibt es vereinzelt trockene Bäume, für solche Pflanzen ist es zu heiß. Als wir höher stiegen, sah es schon etwas anders aus. Eine landwirtschaftliche Nutzung gibt es nicht überall. Bananen, Kaffee, aber auch Weizen und Rinder sind gelegentlich anzutreffen. Schon hier merkten wir, dass die Temperaturen angenehmer wurden, es war nicht mehr so heiß, hier herrscht eine Mitteltemperatur von 21 °C. Gelegentlich hörten wir die Geräusche verschiedener exotischer Tiere, wobei wir von unserem Bergführer erfuhren, dass viele wilde Tiere hier kaum noch anzutreffen sind, weil sie von den vielen Wanderern und Übernachtenden vertrieben worden sind. Eine Berghütte lud uns zum Pausieren und Übernachten ein und so beendeten wir unsere erste Etappe. In etwa 2000 Metern Höhe sah ich auf dem Thermometer, dass es nur noch 15 °C waren. Hier setzte der so genannte Berg- und Nebelwald ein. Wiederum 1000 Meter Höhenunterschied mussten wir überwinden, bis wir diese Vegetationszone verlassen konnten. Als wir dieses Waldgebiet hinter uns – oder besser gesagt unter uns – gelassen hatten, zeigte das Thermometer nur noch 11 °C.
Ich war doch froh, dass ich einen wärmeren Pullover mitgenommen hatte. Büsche und harte Gräser kennzeichnen hier das Bild der Landschaft. Der Bergführer erklärte uns, dass diese Region auch als „Mattenregion" bezeichnet wird. Es war sehr interessant zu beobachten, wie die Vegetation immer karger wurde. Das ging so weit, bis wir in etwa 4000 Metern Höhe bei 5 °C nur noch Felsen sahen. Ab hier wurde der Aufstieg für mich recht beschwerlich und wir mussten zusätzlich einen halben Tag Pause machen. Das lag auch daran, dass die Höhe den Kreislauf sehr belastet. Ich habe gehört, dass viele Touristen vor dem Erreichen des Gipfels umkehren, weil die Belastung zu groß ist, der Sauerstoffgehalt der Luft reduziert sich in Gipfelnähe auf die Hälfte. Wir wollten aber unbedingt durchhalten. So blieben wir an dieser Stelle eine zusätzliche Nacht in der Berghütte. Am fünften Tag sind wir wieder besonders früh aufgestanden, denn wir wollten die Etappe gut schaffen und den Tag auf dem Gipfel genießen. Ab 5000 Metern Höhe war es empfindlich kalt, mein Thermometer zeigte 0 °C. Aber es war unglaublich. Alle Anstrengung hatte sich gelohnt, als wir den schnee- und eisbedeckten Gipfel erreicht hatten."

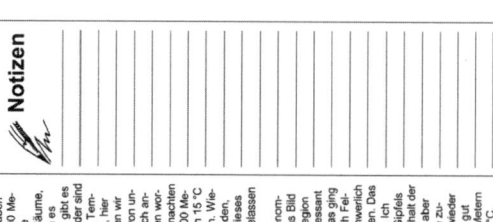

Notizen

Bitte diese Vorlagen von der CD-ROM ausdrucken.

Braunkohle: Der Tagebau Hambach

Das Braunkohlenrevier Hambach in der Kölner Bucht ist eine der größten Lagerstätten in Europa. Die hier geförderte Braunkohle spielt eine wichtige Rolle als Grundstoff für die Energieversorgung unseres Landes. In einem Tagebau wird die Kohle aus der Erde geholt. Die Kohle liegt tief unter der Erde. Sie ist im Laufe von Millionen Jahren aus den Überresten abgestorbener Pflanzen entstanden und in Schichten abgelagert, die man Flöze nennt. Um an die 30 bis 70 Meter dicken Flöze heranzukommen, muss man das darüber liegende Erdreich, das Deckgebirge, abräumen. In Hambach ist das Deckgebirge 180 bis 470 Meter mächtig. Es dauerte 5 Jahre, bis die Erdmassen abgeräumt waren. Anfangs wurde der Abraum neben der immer tiefer werdenden Grube zu einem Berg aufgeschüttet. Diesen Berg nannte man „Sophienhöhe". Seit einigen Jahren wird ein Teil des Abraums über Förderbänder in den 15 km entfernten Tagebau Fortuna-Garsdorf gebracht, der nicht mehr in Betrieb ist. Mehr als die Hälfte des Abraums wird jedoch von einer Seite der Grube auf die andere gebracht, wo die Kohle bereits abgebaut ist.

Am Rande der Grube sind viele Pumpen zu erkennen. Damit wird das Grundwasser abgepumpt, das sich in der Grube sammelt. Würde dies nicht gemacht, so würde sich der Tagebau immer mehr mit Wasser füllen und die Kohle könnte nicht mehr abgebaut werden.

Aus: GEOGRAPHIE, Mensch und Raum. Cornelsen, Berlin 1994

Aufgabe

⇨ *Lies den Text sorgfältig durch.*

⇨ *Stelle Fragen, wenn dir etwas unklar ist.*

⇨ *Nimm einen Textmarker und Farbstifte zur Hand und markiere Haupt- und Nebeninformationen.*

⇨ *Fasse anschließend den Inhalt des Textes in einer Mind-Map über- sichtlich zusammen.*

Braunkohle: Die Landschaft wird verändert

In der Lausitz mussten bisher rund 25 000 Menschen umgesiedelt werden, in der Kölner Bucht rund 30 000. Die Braunkohlengesellschaften beraten die Betroffenen Jahre vorher über einen neuen Siedlungsort. Für seinen Haus- und Grundbesitz am alten Ort erhält jeder Umsiedler eine Entschädigung. Bei den umzusiedelnden Bauern geht es nicht nur um den Wert des Hofgebäu- des und der Ackerflächen, sondern auch um die Bodengüte und um Absatz- möglichkeiten. Manchmal liegen die Ersatzhöfe weit vom bisherigen Standort entfernt.

Braunkohle kann man nicht gewinnen, ohne die Landschaft zu zerstören und die Umwelt zu belasten. Wer Strom und Wärme in großen Mengen ver- braucht, muss diese Gefährdung in Kauf nehmen. Gesetzliche Vorschriften sorgen dafür, dass sich Gefahren und Belastungen in Grenzen halten. Die Braunkohlebetriebe errichten Lärmschutzwälle, pflanzen Grünstreifen als Staubschutz und beregnen bei trockenem Wetter die Braunkohle.

Nach dem Abbau wird die Landschaft wiederhergestellt. Dies nennt man „Rekultivierung". Es beginnt mit dem Absetzen der Abraummassen in den ausgekohlten Gebieten. Ein Teil des aufgefüllten Geländes wird mit frucht- barem Boden (Löss) bedeckt und für die Landwirtschaft hergerichtet. Es dauert jedoch viele Jahre, bis sich im Boden die für die Humusbildung wichtigen Lebewesen wieder eingestellt haben. Andere Teile werden aufgeforstet (= Wald wird angepflanzt). Der Abraum reicht allerdings nicht aus, um alle Gruben zu verfüllen. In den Restlöchern sammelt sich Wasser. So kann eine abwechslungsreiche Seenlandschaft entstehen.

Aus: GEOGRAPHIE, Mensch und Raum. Cornelsen, Berlin 1994

Aufgabe

⇨ *Lies den Text sorgfältig durch.*

⇨ *Stelle Fragen, wenn dir etwas unklar ist.*

⇨ *Nimm einen Textmarker und Farbstifte zur Hand und markiere Haupt- und Nebeninformationen.*

⇨ *Fasse anschließend den Inhalt des Textes in einer Mind-Map über- sichtlich zusammen.*

ARBEIT MIT NACHSCHLAGE- WERKEN

Einerseits ist es nicht selbstverständlich, dass Schüler in ihrem Elternhaus auf diverse Enzyklopädien oder Fachlexika zurückgreifen können. Andererseits ist es aber auch nicht sicher, ob sich die Schüler, die im Besitz von Lexika sind, durch „Versuch und Irrtum" Techniken des Nachschlagens aneignen werden. Folglich muss die Schule einen wesentlichen Teil dazu beitragen, dieser Anforderung gerecht zu werden. Alle Schüler müssen diese Techniken beherrschen und immer wieder üben können. Das bedeutet, dass eine nicht unerhebliche Anzahl an diversen Nachschlagewerken von der Schule angeschafft und ständig aktualisiert werden muss.

Auf den folgenden Seiten sind Rätsel und Nachschlageübungen gesammelt, die als Einführung und Übung verwendet werden. Zum Teil beziehen sich diese Arbeitsblätter auf Standardwerke zum Nachschlagen, die regelmäßig im Unterricht eingesetzt werden und an jeder Schule vorrätig sein sollten.

Klasse	Methode/Einsatz	Inhalt	Fach
6/7	Zuordnungsübung	Verzeichnisse	alle Fächer
5–10	Geschichtsbuch, Rätsel	Epochen	Geschichte
6/7	Einführung, Rätsel	Mittelalter	Geschichte
6/7	Nachschlageübung	Könige und Kaiser	Geschichte
6/7	Nachschlageübung	Kaisergräber	Geschichte
6/7	Nachschlageübung	Bibel	Religion
7/8	Nachschlageübung	Amos und Jona	Religion

VERZEICHNISSE

Ralf Dornbusch

Klasse 6/7
1 Unterrichtsstunde

Um die Techniken des Nachschlagens zu beherrschen, müssen Fachbegriffe, wie Stichwortverzeichnis, Register usw. geklärt werden. Anhand des vorliegenden Arbeitsblattes können diese elementaren Kenntnisse vermittelt oder wiederholt werden.

Ziele

- Fachbegriffe des Nachschlagens kennen
- Begriffe einzelnen Verzeichnissen zuordnen können

Material

- Anlage 1   Klassensatz

GESCHICHTSEPOCHEN

Ralf Dornbusch

Klasse 5 –10
je 1 Unterrichtsstunde

An unserer Schule ist das Geschichts-Lehrbuch Geschichte Konkret in drei Bänden aus dem Schroedel Verlag, Hannover, eingeführt. Die folgenden Rätsel beziehen sich darauf. Sie können jedoch leicht auf die im Unterricht verwendeten Lehrbücher zugeschnitten werden.
Die Rätsel sind so angelegt, dass 50 % der Fragen relativ leicht durch die Suche im Register oder im Inhaltsverzeichnis beantwortet werden können. In diesen Fragen ist jeweils ein Schlüsselwort versteckt, das dort zu finden ist und auf die zu untersuchende Seite hinweist. Das gilt aber nicht für den Rest der Fragen. Die sind für anspruchsvolle Strategen gestellt. Auf der

Suche nach der richtigen Antwort müssen einzelne Kapitel durchblättert und auch die Bildunterschriften beachtet werden.
Nachdem die Vorgehensweise besprochen wurde, sollte darauf hingewiesen werden, dass sich jeder Schüler notiert, wie und wo er die gesuchte Antwort gefunden hat. Abschließend werden die Ergebnisse und deren Lösungsweg gemeinsam besprochen.

Ziele

- sich einen Überblick über das Geschichtsbuch verschaffen
- Techniken des Nachschlagens üben

Material

- Anlagen 1, 2 oder 3 jeweils Klassensatz (Anlagen 1a, 2a, 3a = Lösungen)

MITTELALTER

Ralf Dornbusch

1 Unterrichtsstunde
Klasse 6/7

Um eine Unterrichtssequenz einzuführen, eignet sich ein Rätsel ganz hervorragend. Die Schüler nutzen das Geschichtslehrbuch als Nachschlagewerk und verschaffen sich gleichzeitig einen Überblick über das bevorstehende Thema.
In dem vorliegenden Rätsel geht es darum, spezielle Begriffe des Mittelalters einem der vier Oberbegriffe zuzuordnen. Einige der Begriffe gehören nicht zum Thema. Sie können von den Schülern entweder gleich ausgeschlossen werden oder dadurch, dass sie im Zusammenhang mit dem Thema nicht ermittelt werden können.
Nach der Besprechung der Ergebnisse und dem Austausch über die jeweiligen Begründungen kann die Einteilung der Begriffe als Grundlage für eine Systematisierung der weiteren Unterrichtseinheit dienen.

Ziele

- sich einen Überblick über das Thema verschaffen
- Techniken des Nachschlagens üben

Material

- Anlage 1   Klassensatz
- Geschichtsbuch
- Nachschlagewerke

Planungsverlauf

A   **Ausfüllen des Arbeitsblattes**

Anlage 1

Jeder Schüler füllt allein oder mit Partner das vorliegende Arbeitsblatt aus. Wird ein Begriff im Geschichtsbuch gefunden, so muss die betreffende Seite notiert werden.

B   **Vergleich der Ergebnisse**

In der Tischgruppe werden die Ergebnisse verglichen. Schüler, die einen falschen Begriff eingekreist und zugeordnet haben, korrigieren sich und schlagen auf der genannten Seite den Begriff nach.

Alle Begriffe, die als nicht dem Mittelalter zugehörig identifiziert wurden, werden im Lexikon nachgeschlagen, damit die Gruppe darüber Sicherheit hat. Mitunter ist eine eindeutige Zuordnung der Begriffe nicht möglich (z. B. Amerika, Hexen). Diese strittigen Begriffe werden anschließend im Plenum besprochen und können Anlass für weitere Nachforschungen geben.

KÖNIGE UND KAISER

Ralf Dornbusch

2 Unterrichtsstunden
Klasse 6/7

Das vorliegende Arbeitsblatt übt die Arbeit mit dem dtv-Weltatlas Geschichte. Der Zeitaufwand beträgt ca. zwei Unterrichtsstunden. Alternativ kann die Bearbeitung des Arbeitsblattes als Hausaufgabe gegeben werden (sollte den Zeitaufwand von 45 Minuten jedoch nicht übersteigen).

Ziele

- wichtige Informationen über mittelalterliche Könige und Kaiser sammeln
- Nachschlagen üben

Material

- je Schüler ein dtv-Atlas zur Weltgeschichte Band I und Band II
- Anlage 1   Klassensatz
- 11 Plakate
- Eddings

Planungsverlauf

 A   **Vorabinformation**

Den Schülern werden folgende Informationen gegeben, um ihnen die Suche zu erleichtern.

- Eckige Klammern verweisen auf die Regierungsdaten der Person, runde auf die Lebensdaten.
- Der fett gedruckte Text ist Schlüsseltext. Diese Informationen haben Vorrang und könnten für die Bemerkungen von Bedeutung sein.
- Das Verzeichnis der Symbole und Abkürzungen findet sich am Anfang des Buches.

B					**Auswertung**

Es werden im Klassenraum 11 Plakate aufgehängt. Auf jedem ist ein Königs- bzw. Kaisername (möglichst mit einer bildlichen Darstellung der Person) notiert sowie die auf dem Arbeitsblatt vermerkten Suchthemen (Regierungszeit, Kaiserkrönung, Herkunft und Bemerkungen). Die Schüler treffen sich in Zufallsgruppen zu zweit oder zu dritt vor einem Plakat und tauschen ihre Ergebnisse aus. Sie notieren ihre Ergebnisse.

Auf ein Zeichen hin wechseln die Schüler zu einem anderen Plakat und vergleichen die niedergeschriebenen Ergebnisse mit den ihrigen. Gibt es Differenzen in den Ergebnissen, so werden die alternativen Antworten ebenfalls hinzugefügt.

Nach drei Wechseln stellt jede Gruppe das Plakat vor, an dem sie durch Zufall gelandet ist. Fehler werden richtig gestellt. Jeder Schüler korrigiert anhand der aushängenden Plakate seine Ergebnisse. Schüler, deren Gedanken auf den Plakaten keinen Platz gefunden haben, können nach dem Durchgang Gelegenheit erhalten, ihren Standpunkt zu erläutern. Auch Nachfragen sind nach der Präsentation möglich.

KÖNIGS- UND KAISERGRÄBER

Ralf Dornbusch

Klasse 6/7
1 Unterrichtsstunde

Das vorliegende Arbeitsblatt dient zur Einführung in die Arbeit mit dem Putzger Weltatlas. Liegen andere historische Atlanten vor, muss das Arbeitsblatt entsprechend modifiziert werden.

Ziele

- Informationen über mittelalterliche Könige und Kaiser sammeln
- den Umgang mit einem historischen Atlas kennen lernen
- Nachschlagen üben

Material

- je Schüler ein historischer Atlas
- Anlage 1   Klassensatz

Planungsverlauf

 A **Vorabinformation**

Den Schülern werden folgende Informationen gegeben, um ihnen die Suche zu erleichtern. Es gibt drei Möglichkeiten des Nachschlagens:
1. Inhaltsverzeichnis aller Karten (nach Epochen sortiert) vorne im Buch.
2. Register mit Angabe aller Orte hinten im Buch.
3. Systematisches Verzeichnis der Karten im Raster Kontinent/Epoche im Umschlag hinten.
4. Der Atlas hat eine weitgehend chronologische Sortierung, die auch ein Suchen ermöglicht.

B **Ergebnisvergleich**

Bei einigen der gesuchten Kaisergräber ist die Angabe verschiedener Karten möglich. Alle Schüler sollten die Alternativkarten ebenfalls nachschlagen, um sich mit dem Atlas intensiv auseinander zu setzen.

DIE BIBEL

Susanne Rave

Klasse 6/7
1 Unterrichtsstunde

Ganz besonders ein Nachschlagewerk tritt im Religionsunterricht immer wieder in den Vordergrund – die Bibel. Es lohnt sich, das entdeckende Lernen mit der Bibel zu fördern, um den reichhaltigen Textfundus zu erschließen. Eine Möglichkeit, die vor allem allen Beteiligten auch großen Spaß macht, ist, das Rezept des Arbeitsblattes nach der Recherche auch umzusetzen und den Kuchen zu backen.

AMOS UND JONA

Tobias Kunze

Klasse 7/8
2 Unterrichtsstunden

Ziele

- Informationen über Propheten beschaffen
- gezieltes Nachschlagen üben

Material

- Anlage 1 und 2   Klassensatz
- Bibel

Planungsverlauf

 A   **Arbeitsauftrag**

Anlage 1: Steckbrief des Amos

Jeder Schüler sucht mit Hilfe der Bibel und dem auf dem Arbeitsblatt formulierten Arbeitsauftrag nach den gesuchten Informationen.
Die Zielangaben und konkreten Hilfen, wie Beruf, Heimatort usw., erlauben es auch schwächeren Schülern, die gesuchten Passagen aufzufinden und die Informationen in Stichworte umzuformulieren.

 B   **Informationsaustausch**

Die Schüler tauschen sich in Partnerarbeit über ihre Ergebnisse aus. Der Austausch wird auf eine Vierer-Gruppe erweitert.

 C   **Präsentation**

Die Gruppe formuliert eine Anklageschrift, die von einem Schüler nach zufälliger Wahl vorgetragen wird. Der Steckbrief des Jona (Anlage 2) kann alternativ oder als Hausaufgabe verwendet werden.

Arbeit mit Nachschlagewerken   Verzeichnisse

In welchem Verzeichnis finde ich Informationen über ... ?

Notiere hinter den Begriffen und Namen das jeweilige Verzeichnis, in dem du eine Angabe darüber findest, wo du mehr Informationen über den gesuchten Begriff erhalten kannst. Bedenke: Es können auch mehrere Antworten möglich sein.

Alexander der Große	
Feuerstelle	
5. Kapitel	
Karte der Perserkriege	
Aristokratie	
BRD	
Britannien	
Die Kreuzzüge	
Livius: Römische Geschichte. Kapitel 45	
Plebejer	
Tutenchamun	
Karte Europas im Hochmittelalter	
Griechenland: Der Ursprung unserer Kultur	
„Ora et labora"	
Lehnswesen	
Karl V.	
Widukind von Corvey: Sachsengeschichte, Buch II	

Verzeichnisse oder Register:

Inhalt – Sachen – Namen/Personen – Karten – Quellen – Orte –
Begriffserläuterungen – Abkürzungen

Arbeit mit Nachschlagewerken   Geschichtsepochen 1

GESCHICHTSBUCH – RÄTSEL I

(Ur- und Frühzeit bis Mittelalter)

Für die Lösung dieses Rätsels brauchst du dein Lehrbuch. Beantworte die nummerierten Aufgaben mit Hilfe des Inhaltsverzeichnisses und des Registers. Trage die gesuchten Antworten in das Schema ein. Das Lösungswort beschreibt ein Begriff uralte Zeichen, die erst durch die Entdeckung des Franzosen Champollion vor 200 Jahren entschlüsselt werden konnten.

1. Dein Unterrichtsfach heißt so!
2. Der Name des Ortes, an dem das größte Sportfest der Antike alle 4 Jahre stattfand.
3. Ein berühmter Grieche; später auch ... der Große genannt.
4. Nordeuropäischer Volksstamm, vom römischen Geschichtsschreiber Tacitus erstmals beschrieben.
5. Römisches Amphitheater, in dem Gladiatorenwettkämpfe stattfanden.
6. Berühmter römischer Kaiser. Ein Monat ist nach ihm benannt.
7. Griechischer Gott der Wissenschaft und Künste.
8. Papier der Ägypter.
9. Berühmter Tempelbezirk in Athen.
10. Einer der Flüsse des Zweistromlandes.
11. Unfreier Bauer im Mittelalter.
12. Christlicher Ordensbruder.

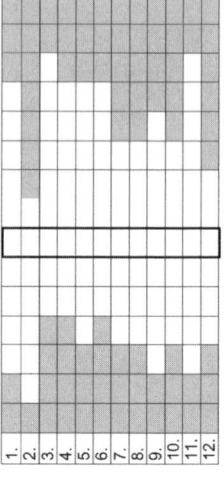

1.
2.
3.
4.
5.
6.
7.
8.
9.
10.
11.
12.

Bitte diese Vorlagen von der CD-ROM ausdrucken.

GESCHICHTSBUCH – RÄTSEL II

(Mittelalter bis frühe Neuzeit)

Für die Lösung dieses Rätsels brauchst du dein Lehrbuch. Beantworte die nummerierten Aufgaben mit Hilfe des Inhaltsverzeichnisses und des Registers. Trage die gesuchten Antworten in das Schema ein. Das Lösungswort beschreibt als Begriff einen Zeitraum der Epoche der Neuzeit.

1. Wie nennt man die Epoche, die Ludwig XIV. mit dem Satz „Der Staat bin ich" geprägt hat?
2. Name von zwei deutschen Kaisern im 19. Jahrhundert.
3. Radikaler Anführer der Jakobiner.
4. Ungehinderter Austausch von Nachrichten. Im 19. Jahrhundert durch Zensur nicht gewährleistet.
5. Ein österreichischer Staatsmann führte den Vorsitz auf dem Wiener Kongress.
6. Wie heißt die Hinrichtungsmaschine der Französischen Revolution?
7. „Freilassung" oder „Austritt aus der Unmündigkeit" wird mit welchem aus dem Lateinischen abgeleiteten Wort übersetzt?
8. Welche Tropenkrankheit äußert sich durch heftiges Fieber?
9. Wie wird ein spanischer Eroberer auch genannt?
10. Am 14. Juli 1789 zogen 20.000 Frauen und Männer zum Stadtgefängnis in Paris. Wie hieß es?
11. Das Zeitalter des Glaubensstreits nennt man auch ....
12. 1492 erreichte ein Kaufmann und Seefahrer die Bahamas. Wie hieß er?
13. Das berühmte Schloss von Ludwig XIV. liegt in einer kleinen Stadt in der Nähe von Paris. Wie heißt diese Stadt?

1.														
2.														
3.														
4.														
5.														
6.														
7.														
8.														
9.														
10.														
11.														
12.														
13.														

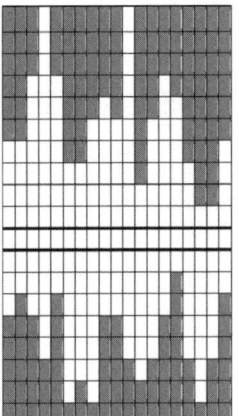

GESCHICHTSBUCH – RÄTSEL III

(Neuzeit)

Für die Lösung dieses Rätsels brauchst du dein Lehrbuch. Beantworte die nummerierten Aufgaben mit Hilfe des Inhaltsverzeichnisses und des Registers. Trage die gesuchten Antworten in das Schema ein. Das Lösungswort beschreibt als Begriff eine menschenverachtende politische Ideologie des 20. Jahrhunderts.

1. Der erste Bundeskanzler der Bundesrepublik Deutschland mit Nachnamen.
2. Die Popgruppe, die die Jugendkultur der 60er-Jahre wesentlich geprägt hat.
3. Die Bezeichnung für die waffenlose Auseinandersetzung der Großmächte nach dem Zweiten Weltkrieg.
4. Vorläuferstaat der modernen Türkei.
5. Politische Beeinflussung und Werbung besonders während der Hitler-Diktatur.
6. Name des am 7.11.1917 entstandenen sozialistischen Staates.
7. Marke eines im Museum „Haus der deutschen Geschichte" ausgestellten Autos.
8. Die Marseillaise und das Lied der Deutschen sind eine ....
9. Der Ort, an dem das „Deutsche Reich den Friedensvertrag nach dem Ersten Weltkrieg unterzeichnet hat.
10. Bezeichnung für die systematische Ermordung der jüdischen Bevölkerung in Europa.
11. Begriff für die Umerziehung der Deutschen nach dem Zweiten Weltkrieg.
12. Anderer Begriff für die Geldentwertung während der Zeit der Weimarer Republik.
13. Bezeichnung für eine englische Frau, die sich zu Beginn des 20. Jahrhunderts für die Einführung des Wahlrechts für Frauen eingesetzt hat.
14. Stätte des ersten deutschen Parlaments 1848/49.
15. Begriff für die Zerstreuung von Angehörigen einer Religion, besonders der Juden.
16. Die von Karl Marx entwickelte Theorie zur Errichtung einer klassenlosen Gesellschaft.
17. Die 1945 von der ersten Atombombe zerstörte japanische Stadt.
18. Eine Partei der Weimarer Republik.
19. Abkürzung für die „Geheime Staatspolizei" der Nationalsozialisten.

1.																
2.																
3.																
4.																
5.																
6.																
7.																
8.																
9.																
10.																
11.																
12.																
13.																
14.																
15.																
16.																
17.																
18.																
19.																

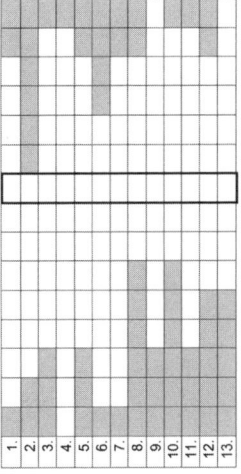

MITTELALTER

Du findest auf diesem Blatt viele Begriffe, die aber nicht alle etwas mit dem Mittelalter zu tun haben. Finde heraus, welche Begriffe zum Mittelalter (500 bis 1500) passen. Kreise sie ein und ordne sie der Tabelle unten auf der Seite zu. Nimm das Geschichtsbuch zur Hand, um dir ganz sicher zu sein. Selbstverständlich darfst du mit deiner Nachbarin oder deinem Nachbarn zusammenarbeiten. Begründe deine Entscheidung, indem du die Seite angibst, auf der du etwas zu diesem Begriff gefunden hast!

> *Karl der Große   Pest   Eisenbahn   Demokratie*
>
> *Gewehr   Hanse   Zunft   Kogge   Tempel   Amerika*
>
> *Kloster   Karl der Große   Zepter   Leibeigenschaft*
>
> *Olympische Spiele   Ritter   Zweiter Weltkrieg*
>
> *Dreifelderwirtschaft   Thron   Frondienst   Hexen   Titanic*
>
> *Alexander der Große   Grundherr   Mönche   Glühbirne*

Herrschaft	Glaube	Handel	Alltag

© Cornelsen Verlag Scriptor, Berlin · Lernkompetenz: Geschichte, Geografie ...

Arbeit mit Nachschlagewerken — Königs- und Kaisergräber

Kaisergräber

Suche die Orte aus dem Putzger-Weltatlas heraus, in denen folgende Kaiser begraben sind. Gib die Seite an, die zum Todesdatum passt, sowie die entsprechenden Koordinaten, in denen der Ort zu finden ist:

Kaiser	Todesjahr und Ort	Seite	Koordinaten
Karl der Große	814 Aachen		
Otto I. der Große	973 Magdeburg		
Otto II.	983 Rom		
Friedrich I. Barbarossa	1190 Tyrus		
Rudolf von Habsburg	1291 Speyer		
Karl IV.	1378 Prag		
Karl V.	1588 El Escorial (Madrid)		

Arbeit mit Nachschlagewerken — Könige und Kaiser

Deutsche Könige und Kaiser im Mittelalter

Name	Regierungszeit	Kaiser im Jahr	Herkunft	Bemerkungen
Karl I.				
Otto I.				
Heinrich IV.				
Friedrich I. Barbarossa				
Friedrich II.				
Rudolf I.				
Ludwig IV. der Bayer				
Karl IV.				
Friedrich III.				
Maximilian I.				
Karl V.				

Bibelkuchen

Der biblische Kuchen schmeckt ganz wunderbar!

Man nehme:

Mengenangaben:	Zutatensuche:	Zutat:
300 ml	5. Mose 32, 14 a	
6 große	Jeremia 17, 11	
200 ml	Richter 14, 18 a	
500 g	1. Könige 5,2	
3 Teel.	sehr unbiblisch	Backpulver
1 Prise	3. Mose 2, 13	
200 g	1. Samuel 30, 12 (2. Frucht)	
200 g	Nahum 3,12	
100 g	4. Mose 17, 23 b	

Das Ganze behandle man nach Sprüche Salomos 23, 14 a.
Falls nötig füge man noch etwas 1. Korinther 3,2 hinzu.
Dann muss der Kuchen ca. $1^1/_2$ Stunden bei ca. 180° gebacken werden.

Bitte diese Vorlagen von der CD-ROM ausdrucken.

Arbeit mit Nachschlagewerken   Amos und Jona 1

Amos

Amos ist vermutlich der älteste Schriftprophet. Seinen öffentlichen Auftritt hatte er um das Jahr 750 v. Chr.
Lies die angegebenen Stellen mit Hilfe des **Elbikon-Programms** oder einer **Bibel** und schreibe die wichtigsten Informationen heraus:

1) *Amos 1,1*   Beruf:
Heimatort:
Wer regiert in Juda?
Wer regiert in Israel?

2) *Amos 7,14 f.*   Amos über sich:

Amos klagt Missstände an:

3) *Amos 2,6 f.*

4) *Amos 4,1 und 5,11 f.*

5) *Amos 8,4–6*

Reaktionen auf Amos:

6) *Amos 7, 10–17*

© Cornelsen Verlag Scriptor, Berlin · Lernkompetenz: Geschichte, Geografie ...

Arbeit mit Nachschlagewerken   Amos und Jona 2

Jonas

Die Erzählung von Jona sollte nicht historisch ausgelegt werden, da sie jeden geschichtlichen Rahmen sprengt. In der Parabel reiht sich Wunder an Wunder, womit Jona gezwungen wird, dem göttlichen Willen zu dienen.
Lies die angegebenen Stellen mit Hilfe einer Bibel oder des Elbikon-Programms und schreibe die wichtigsten Informationen heraus:

Die Berufung Jonas

1) *Jona 1,1*   Name des Vaters:

2) *Jona 1,2*   Ort des Strafgerichts:

Jonas Flucht

3) *Jona 1,3–16*

Die Rettung

4) *Jona 2,1–2*

5) *Jona 2,3–11*

Jona in Ninive

6) *Jona 3,1–10*

Die Belehrung

7) *Jona 4,1–11*

© Cornelsen Verlag Scriptor, Berlin · Lernkompetenz: Geschichte, Geografie ...

INFORMATIONS-BESCHAFFUNG

Sich präzise und verlässliche Informationen beschaffen zu können ist in der heutigen Zeit eine der elementarsten Lernkompetenzen, die es für unsere Schülerinnen und Schüler zu erwerben gilt.

Die folgenden Arbeitsblätter und Unterrichtsmaterialien bieten Möglichkeiten, sich in Fertigkeiten der Informationsbeschaffung zu üben und an konkreten Themen zu arbeiten (vgl. auch das Blatt Grundlagen 2 im Kapitel „Arbeit mit Nachschlagewerken").

Klasse	Methode/Einsatz	Inhalt	Fach
8	Steckbrief eines Erfinders und seiner Erfindung	Industrialisierung	Geschichte
5–10	Geschichtsquiz	Wissensfragen zu diversen Epochen	Geschichte/ Politik
5–10	Religionsquiz	Wissensfragen	Religion
8–10	Quiz	Bundestagswahl	Politik
9/10	Visualisierung	Welthandel/ Weltverkehr	Geografie

INDUSTRIALISIERUNG – ERFINDER UND FORSCHER

Ralf Dornbusch

Klasse 8
4 Unterrichtsstunden

Eine schülerzentrierte Unterrichtseinheit mit dem Thema Industrialisierung kommt ohne Techniken der Informationsbeschaffung nicht aus. Die Schüler sind aufgerufen, das gezielte Nachschlagen zu üben und zu instrumentalisieren. Gefordert sind insbesondere Fähigkeiten und Fertigkeiten wie: Sichten und Sondieren von Nachschlagewerken und -möglichkeiten, schnelles Durchblättern, diagonales Lesen von Texten sowie Techniken der Internetrecherche.

Die Internetrecherche ist je nach Kenntnisstand der Schüler vorab genau zu planen (z.B. angeleitete oder freie Suche, Linklisten).

Ziele

- Informationen beschaffen
- Informationen auswerten
- Informationen grafisch aufarbeiten und präsentieren

Materialliste

- Anlage 1   Klassensatz
- Anlage 2   je Schüler eine Stichwortkarte
- diverse Nachschlagewerke
- möglichst Internetzugang

Planungsverlauf

 A   **Informationsbeschaffung**

Anlage 2: Stichwortkarten
Anlage 1: Arbeitsblatt

Jeder Schüler erhält per Losverfahren eine der vorher ausgeschnittenen Stichwortkarten und das Arbeitsblatt. Der Arbeitsauftrag muss genau durchgelesen und etwaige Fragen müssen geklärt werden.

Die Schüler erhalten eine angemessene Zeit (ca. 2 Unterrichtsstunden) für die Erarbeitung der Steckbriefe. Das Nachschlagen mit bereitgestelltem Material sollte unbedingt während des Unterrichts in der Schule stattfinden, um Chancengleichheit zu gewährleisten und die Schüler bei Bedarf zu unterstützen. Die Auswertung der Quellen und die Verarbeitung der Informationen kann dagegen auch zu Hause erfolgen.

Folgende Materialhierarchie in der Beschaffung der benötigten Informationen sollte eingehalten werden, um der Informationsflut des Internets eine gesicherte Informationsbasis entgegenzustellen:

1. Geschichtsbuch
2. allgemeines Lexikon
3. Fachlexikon (Technik, Biologie usw.)
4. computergestütztes Lexikon
5. Internet

 A   **Gestaltung des Steckbriefes**

Die Gestaltungsvorgabe des Steckbriefes ist ein Vorschlag. Auf keinen Fall aber dürfen die Angaben über verwendete Quellen wegfallen. Die Schüler sollen sich daran gewöhnen, Rechenschaft über verwendete Quellen (das gilt auch für Internet-Seiten!) abzulegen. Die Angaben, die notiert werden müssen, sollte man vorab festlegen.

B   **Präsentation**

Jeder Schüler sollte seinen Steckbrief präsentieren. Dazu gibt es mehrere Möglichkeiten:

- Im Doppelstuhlkreis. Jeder Schüler präsentiert seinem Gegenüber und wechselt nach Aufforderung, so dass die Präsentation mehrfach erfolgt.
- Präsentation in einer Kleingruppe. In jeder Ecke der Klasse wird ein Stichwort zum Thema Industrialisierung aufgehängt: Alltag, Industrie, Verkehr, Wissenschaft. Die Überschneidungen sind gewollt. Jeder Schüler präsentiert vor der Kleingruppe und begründet, warum er sich ebenjenem Stichwort zugeordnet hat.
- Es werden einzelne Schüler ausgelost, die im Plenum präsentieren.

Die erstellten Steckbriefe werden nach Kriterien der Klasse (Chronologie, Themen, Herkunft des Forschers usw.) zusammengestellt und für eine Ausstellung aufbereitet.

Tipps:
Die vorliegenden Arbeitsblätter für die Erstellung eines Steckbriefes sowie die methodische Vorgehensweise lassen sich auf annähernd jedes Thema übertragen: Griechische Götter, mittelalterliche Könige, Hitlers Helfer usw.

WER WIRD GESCHICHTSCHAMPION?

Ralf Dornbusch

Klasse 5 – 10
je 1 Unterrichtsstunde

Quiz-Shows haben Konjunktur. Warum also nicht einmal ein Quiz im Geschichtsunterricht einsetzen? Den Schülern wird es gefallen. Die vorliegende Form der Fragen ist einem allseits bekannten Fernseh-Quiz entlehnt und umfasst unterschiedliche Themenbereiche und Schwierigkeitsgrade, die beliebig erweitert oder abgewandelt werden können.

Folgende Themenbereiche liegen als Quiz-Arbeitsblatt vor:

Steinzeit – Ägypten – Griechen – Römer – Mittelalter – Erfindungen und Entdeckungen – Zeitalter der Reformation – Absolutismus – USA – Französische Revolution – Nationalstaaten und industrielle Revolution – Imperialismus und Erster Weltkrieg – Deutschland und die Welt 1918 bis 1933 – Nationalsozialismus und Zweiter Weltkrieg – Die Welt seit 1945 – Deutsche Geschichte

Von allen Quizblättern sind auf der CD-ROM die Lösungen zu finden (jeweils unter der Zählung mit dem Zusatz a). Sie erleichtern der Lehrkraft die Überprüfung der Schülerantworten, können aber auch zur Eigenkontrolle für die Schüler ausgedruckt und verteilt werden.

Ziele

- Überprüfung erlernter Inhalte
- Techniken der Informationsbeschaffung anwenden

Materialliste

- Anlagen 1–16   jeweils als Folie
- Anlagen 1a–16 a   jeweils als Folie oder Kopie

Planungsverlauf

 A   **Spielregeln**

1. Die Fragen werden der Reihe nach vorgelesen oder als Folie auf den OHP gelegt (Achtung: Nur die aktuelle Frage aufdecken!).
2. Die Schüler notieren die ihrer Meinung nach richtige Antwort auf einem Notizzettel.
3. Wenn ein Schüler die Antwort nicht weiß, so wählt er einen Joker (Mitschüler-Joker, 50:50-Joker oder Experten-Joker) und notiert diese Entscheidung. Alle Schüler raten weiter, auch wenn einzelne Schüler bereits alle drei Joker aufgebraucht haben.
4. Bei der Auflösung wird vor jeder Beantwortung zunächst abgefragt, ob jemand einen Joker gesetzt hat. Sollte das der Fall sein, so werden die Joker „abgearbeitet". Als erster Joker wird der Mitschüler-Joker abgefragt. Die Schüler werden nach der richtigen Antwort gefragt. Die Schüler, die einen Joker gesetzt haben, notieren jetzt aufgrund der Tendenz ihre Antwort. Als Experte fungiert ein von einem Schüler ausgewählter Mitschüler. Beim 50:50-Joker legt der Lehrer die zwei übrig gebliebenen Antwortmöglichkeiten fest. Erst wenn alle Jokermöglichkeiten durchgespielt wurden und die „Joker"-Schüler ihre Antwort notiert haben, kann die Beantwortung der nächsten Frage angegangen werden.
5. Nach abgeschlossener Lösungsphase wird abgefragt, bei welcher Frage die Schüler gescheitert sind. Wer also ist der Geschichts-Champion?

Sollten Schüler bei Beantwortung sämtlicher Fragen einen Millionengewinn einfordern, so sollte die Lehrkraft immer einen „Inflations"-Millionen-Schein in der Tasche haben.

Um das Frage-Antwort-Spiel in einen didaktisch-methodischen Kontext einzubinden, kann den Schülern durchaus etwas mehr abverlangt werden, als nur eine der vorgegebenen Antworten raten zu müssen.
Folgendes alternatives Vorgehen wird empfohlen:

1. Diverse, der Klassenstufe angemessene und ausreichend vorhandene Nachschlagewerke zur Verfügung stellen.
2. Jedem Schüler (oder Gruppen) eine oder mehrere Vorlagen kopieren.
3. Spielregeln erklären:
   a) Für jede richtige Antwort erhalten die Schüler 5 Punkte.
   b) Für jede der falschen Antworten, deren Bedeutung – sofern sie einen Sinn ergibt – unter Angabe der Informationsquelle erklärt werden kann, erhalten die Schüler zwei weitere Punkte. Frei formulierte, richtige Antworten erhalten einen Zusatzpunkt.
   c) Eine Zeitbegrenzung wird festgelegt.
   d) Nach Ablauf der „Rätselphase" werden die Ergebnisse gesammelt und ausgewertet.
   e) Die Schüler/die Gruppe, die die meisten Punkte sammeln konnten, haben gewonnen.

WER WIRD RELIGIONSCHAMPION?

Susanne Rave

Klasse 5 – 10
1 – 2 Unterrichtsstunden

In der Bibel gibt es verschiedene Verzeichnisse, die beim Suchen helfen können: das Inhaltsverzeichnis des Alten und des Neuen Testaments, das alphabetische Inhaltsverzeichnis mit Abkürzungen, ein Verzeichnis der Maße, Gewichte und Münzen, die Sach- und Worterklärungen und zwei verschiedene Zeittafeln. Um die Fragen richtig und schnell beantworten zu können, benötigt man immer mal ein anderes Verzeichnis.

Alle Fragen lassen sich mit der Lutherübersetzung, herausgegeben von der Deutschen Bibelgesellschaft Stuttgart, beantworten.

Ziele

- Überprüfung erlernter Inhalte
- Techniken der Informationsbeschaffung anwenden

Materialliste

- Anlagen 1–2   jeweils als Folie
- Anlagen 1a–2a   jeweils als Folie oder Kopie

Planungsverlauf

Die Spielregeln sind identisch mit dem Vorschlag „Wer wird Geschichtschampion?"

WAHLEN ZUM DEUTSCHEN BUNDESTAG

Gudula Stamm

Klasse 8–10
1–2 Unterrichtsstunden

Das Thema Bundestagswahlen gehört zu den Klassikern der Fächer Politik und Sozialwissenschaften. Deshalb ist es auch kein Problem, in den einschlägigen Lehrwerken entsprechendes Material zu finden. Das Quiz dient vor allem dazu, den Schülern eine Möglichkeit zu bieten, sich die Informationen zu den grundlegenden Begriffen und Verfahren selbst zu beschaffen. Damit bietet sich die Chance, etwas lockerer in das Thema einzusteigen. Besonders eignet sich das Quiz vor anstehenden Wahlen auf allen politischen Ebenen. Es bietet einen Ansatzpunkt, deren Ergebnisse später im Unterricht aufzugreifen und zu diskutieren.

Ziele

- Vorhandenes Wissen über die Bundestagswahlen überprüfen und in Zusammenhänge bringen
- Informationen über Bundestagswahlen aus Nachschlagewerken herausarbeiten

Materialliste

- Nachschlagewerke
- Anlage als Klassensatz

Planungsverlauf

 A   **Überprüfen und Sammeln des Vorwissens**

In der Regel kennen die Schüler diverse Begriffe aus dem politischen Bereich, Ämterbezeichnungen, Amtsinhaber usw. Dies gilt besonders in Wahlkampfzeiten. Hier setzt der vorgeschlagene Weg zur Informationsbeschaffung an: Die Schüler erhalten ein Arbeitsblatt, auf dem sie Aussagen zur Bundestagswahl verifizieren oder falsifizieren sollen. Im ersten Schritt wird dafür nur das Vorwissen genutzt, häufig auch nur geraten. Die Ergebnisse werden in einer Tabelle festgehalten. Eine Ergebniskontrolle von außen findet nicht statt. Aus dem überwiegend unstrukturierten und bruchstückhaften Vorwissen der Schüler sollen sich anschließend erste Zusammenhänge ergeben. Lücken und Unsicherheiten sind hier nicht nur erlaubt, sondern erwünscht. An ihnen lässt sich verdeutlichen, dass Detailwissen allein nicht ausreicht, um Strukturen zu erschließen. Die Schüler erkennen, dass sie noch Informationsbedarf haben.

Zirka 10 Minuten Arbeitszeit reichen hier aus, da bei Nichtwissen mehr Zeit nicht zu besseren Ergebnissen führen kann.

B   **Arbeit mit Nachschlagewerken**

In einem zweiten Schritt schlagen die Schüler in bereitgestellten Schulbüchern, allgemeinen und speziellen Lexika nach, ob ihre Antwort stimmt bzw. wie sie aussehen müsste. Dies wird in der zweiten Tabellenspalte eingetragen. Um bei unvollständiger Informationsbeschaffung noch einmal nachschlagen zu können und zur Kontrolle, dass die Schüler das eigene Wissen überprüfen, gibt es eine dritte Spalte, in der die Fundstellen als Beleg festzuhalten sind.

Das Nebeneinander der Arbeitsergebnisse aus Schritt A und B verdeutlicht den Schülern den Erkenntnisgewinn.

Ob die Informationsbeschaffung als Einzelarbeit oder als Partnerarbeit angelegt wird, ist flexibel zu handhaben.

Der zeitliche Umfang der Arbeitsphase hängt von Vorwissen, Erfahrung im Umgang mit Nachschlagewerken und Fähigkeiten im Verstehen von Sachtexten der einzelnen Lerngruppe ab.

C Auswertung

Eine Auswertung der Arbeitsergebnisse können die Schüler gut in (gelosten) Gruppen selbst organisieren. Für ein abschließendes Unterrichtsgespräch müssen sie dann nur noch die offenen Fragen notieren.

Tipps:

Das Arbeitsblatt kann zu Beginn einer Unterrichtsreihe eingesetzt werden. Es dient dann der Erschließung des Vokabulars und grundsätzlicher Sachverhalte im Zusammenhang mit der Bundestagswahl. Auf der Basis des erarbeiteten Grundwissens schließt sich eine problemorientierte Bearbeitung des Themas an.

Denkbar ist aber auch ein Einsatz am Ende einer Unterrichtsreihe, zur Wiederholung und zur (Selbst-)Evaluation des Lernerfolges.

Die vollständig erarbeitete Tabelle kann außerdem als Informationsblatt weitergenutzt werden.

WELTHANDEL UND WELTVERKEHR

Verena Speer-Ramlow

Klasse 10
2–4 Unterrichtsstunden

Zum Nachschlagen eignen sich neben dem Internet auch das Erdkundebuch (in diesem Fall: Geographie. Mensch und Raum. Berlin, Cornelsen 1997), der Weltalmanach, allgemeine Lexika in Buchform sowie auf CD-ROM. Wichtig ist genaues und sorgfältiges Arbeiten, das heißt, die Informationen müssen richtig und vollständig sein. Zusätzlich kann man den Faktor „Zeit" ins Spiel bringen, also unter Vorgabe einer bestimmten Zeit sollen entsprechende Informationen gefunden werden.
Zum Thema sind vier Arbeitsblätter vorgesehen, die wahlweise oder auch gruppenteilig bearbeitet werden können. Hier ist es gut möglich, innerhalb der Klasse zu differenzieren, da die Dauer der Bearbeitung unterschiedlich lang sein wird (Teil III und IV werden schneller gehen als Teil I und II).

Ziele

- Informationen selbstständig beschaffen
- Informationen auswerten und visuell präsentieren

Materialliste

- Anlage 1–4 wahlweise im Klassensatz, besser gruppenteilig
- Kopie einer Weltkarte in entsprechender Anzahl der Arbeitsblätter 1 und 2
- diverse Nachschlagewerke (wie oben beschrieben)
- Möglichkeit der Benutzung des Internets
- Farbstifte und Millimeter- bzw. Karopapier

Planungsverlauf

A   Arbeitsauftrag

Jeder Schüler erhält ein Arbeitsblatt mit der entsprechenden Aufgabe (bei gruppenteiliger Arbeit wird die Klasse zunächst – nach dem Prinzip der Differenzierung oder per Losverfahren – in Gruppen aufgeteilt). Die unterschiedlichen Nachschlagewerke sollten der Lerngruppe kurz vorgestellt werden, um eine erste Orientierung zu verschaffen. Dies gewährleistet in der Regel, dass alle Möglichkeiten des Nachschlagens ausgeschöpft werden. Weitere Materialien, wie die Kopie einer Weltkarte oder evtl. zusätzliches Papier, sollten sich die Schüler nach Bedarf nehmen können.

Zwei Unterrichtsstunden müssen für die Bearbeitung grundsätzlich eingeplant werden, je nach Präsentation der Ergebnisse auch mehr.

Bitte diese Vorlagen von der CD-ROM ausdrucken.

Informationsbeschaffung   Erfinder und Forscher 1

Industrialisierung

Aufgabe

Schlage in einem Lexikon nach und sammle Informationen über den Erfinder/Forscher und die von ihm gemachte Erfindung/Entdeckung. Wann wurde die Erfindung/Entdeckung von wem und unter welchen Umständen gemacht, was verbesserte sie, welche Probleme entstanden dadurch? Schreib auch auf, wo du die Informationen gefunden hast.
Gestalte anschließend einen Steckbrief über den Erfinder und seine Erfindung. Bereite dich auf eine Kurzpräsentation vor (5 Minuten). Deine Arbeit wird anschließend in der Schule ausgestellt.

Abbildung des Erfinders

Lebenslauf des Erfinders

Beschreibung der Erfindung

Abbildung der Erfindung

Informationsquellen mit Angabe der Seiten

Alternative: Gestalte eine Werbeanzeige für die Erfindung/Entdeckung.

Informationsbeschaffung   Erfinder und Forscher 2

Industrialisierung

Mikroskop / Janssen	Dampfmaschine / Watt	Multipliziermaschine / Leibniz
Astronomisches Fernrohr / Kepler	Spiegelteleskop / Newton	Dampfkochtopf / Papin
Quecksilberbarometer / Torricelli	Quecksilberthermometer / Fahrenheit	Porzellan (in Europa) / Böttger
Pendeluhr / Huygens	Thermometereinteilung / Celsius	Dreifarbendruck / Le Blond
Manometer / v. Guericke	Rechenuhr / Schickhardt	Gussstahl / Huntsman
Straßendampfwagen / Cugnot	Addiermaschine / Janssen	Spinnmaschine / Hargreaves

Taucherglocke / Smeaton	Drehbank / Maudsley	Lichtgeschwindigkeit / Römer
Heißluftballon / Montgolfier	Netzstrickmaschine / Jacquard	Blutkreislauf / Harvey
Mechanischer Webstuhl / Cartwright	Dampfschiff / Fulton Zement	Hinterladergewehr / Chaumette
Hydraulische Presse / Bramah	Zement / Parker	Blitzableiter / Franklin
Steindruck / Senefelder	Zuckergehalt der Rübe / Margraf	Eisenwalzwerk / Cort
Papiermaschine / Robert	System der Lebewesen / Linné	Spinnmaschine / Watt

Griechen

1. Wie hieß der Göttervater der Griechen?
a) Zeus b) Herakles
c) Apollon d) Hermes

2. Wie hieß die griechische Göttin, die die Ehe und Familie beschützte?
a) Artemis b) Hestia
c) Aphrodite d) Hera

3. Wo befand sich, nach dem alten Glauben der Griechen, der Sitz der Götter?
a) Parnass b) Olymp
c) Athos d) Mt. Everest

4. Welcher der genannten Stadtstaaten war keine griechische Polis?
a) Athen b) Theben
c) Monaco d) Sparta

5. Was war den Bewohnern der griechischen Stadtstaaten nicht gemeinsam?
a) Regierungsform
b) Sprache
c) Olympische Spiele
d) Religion

6. Welcher griechische Staatsmann gilt als „Erfinder" der Demokratie?
a) Odysseus
b) Alexander der Große
c) Drakon d) Perikles

7. Wie heißt der Stadtberg Athens, auf dem eine große Tempelanlage errichtet wurde?
a) Akropolis
b) Attika
c) Pallas Athene
d) Areopag

8. Wer hatte im alten Athen politisches Mitspracherecht?
a) Sklaven
b) männliche Vollbürger
c) Kinder d) Frauen

9. Welche der Sportarten gab es bei den antiken Olympischen Spielen noch nicht?
a) Marathonlauf
b) Pankration
c) Diskuswerfen
d) Wagenrennen

10. Wie lautet der Lehrsatz des Pythagoras?
a) $a^2 + b^2 = c^2$
b) $(a + b)^2 = a^2 + 2ab + b^2$
c) $a + b = c$
d) $E = mc^2$

11. Wie lautet die Übersetzung für das griechische Wort Demokratie?
a) Herrschaft einer kleinen Gruppe
b) Volksherrschaft
c) Königsherrschaft
d) Adelsherrschaft

12. Welcher griechische Stadtstaat war für seine militärische Erziehung bekannt?

13. Welcher Grieche wird in einer berühmten Sage bei seinen Heldenfahrten beschrieben?
a) Prometheus
b) Theseus
c) Odysseus
d) Paris

14. Wie hieß die Insel, von der Dädalus und Ikarus in einer griechischen Sage fliehen wollten?
a) Rhodos b) Kos
c) Kreta d) Lesbos

15. Unter welchem Herrscher eroberten die Griechen im 4. Jahrhundert ein Weltreich?
a) Friedrich der Große
b) Karl der Große
c) Peter der Große
d) Alexander der Große

Steinzeit

1. Welche Behausung stammt nicht aus der Altsteinzeit?
a) Höhle
b) Zelt
c) Reisighütte
d) Blockhaus

2. Wie nennt man eine in der Altsteinzeit zusammenlebende Gruppe von Menschen?
a) Horde b) Herde
c) Clan d) Bande

3. Welches der genannten Tiere lebte nicht während der Altsteinzeit?
a) Mammut
b) Wisent
c) Auerochse
d) Tyrannosaurus Rex

4. Wie nennt man den Menschentyp, der etwa vor 150 000 – 40 000 v. Chr. lebte?
a) Neandertaler
b) Homo erectus
c) Apache
d) Homo habilis

5. Welche Getreidesorte wurde während der Jungsteinzeit angebaut?
a) Gerste b) Mais
c) Hafer d) Hirse

6. Welche Erfindung stammt nicht aus der Jungsteinzeit?
a) Pflug b) Fernrohr
c) Webrahmen
d) Spindel

7. Die im Jahr 1991 gefundene Leiche eines Jungsteinzeitmenschen wurde wie genannt?
a) Bubi b) Ötzi
c) Lucy d) Willi

8. Homo sapiens heißt übersetzt?
a) weiser, vernünftiger Mensch
b) aufgerichteter Mensch
c) fähiger Mensch
d) dummer Mensch

9. Die Ur- und Frühgeschichte endet da, wo was beginnt?
a) Herstellung von Puppen
b) Industrialisierung
c) Bau der Pyramiden
d) schriftliche Überlieferungen

10. Das Skelett von „Lucy" wurde nach einem Lied welcher Popgruppe benannt?
a) Backstreet Boys
b) Beatles
c) Spice Girls
d) Rolling Stones

11. Die Steinzeit heißt so, weil
a) die gefundenen Überreste aus Stein sind
b) die Menschen damals nach Steinen gesucht haben
c) die Häuser aus Stein waren
d) weil die Epoche danach Papierzeit heißt

12. Welche der genannten Beschäftigungen stammt aus der Altsteinzeit?
a) Reiten und schießen
b) Jagen und sammeln
c) Shoppen und gammeln
d) Surfen und SMSen

13. Womit waren die Menschen der Altsteinzeit hauptsächlich beschäftigt?
a) Malen
b) Nahrungssuche
c) Spielen d) Schreiben

14. Welches der genannten Hilfsmittel stammt nicht aus der Steinzeit?
a) Landkarte
b) Steinbohrer
c) Hakenpflug
d) Speerschleuder

15. Was bedeutet der Begriff Neolithikum?
a) Altsteinzeit
b) Jungsteinzeit
c) Mittelsteinzeit
d) Neust

Bitte diese Vorlagen von der CD-ROM ausdrucken.

Nationalstaaten und industrielle Revolution

1. Welcher französische Feldherr wurde 1815 in Waterloo endgültig besiegt?
a) Jacques Chirac
b) Napoleon Bonaparte
c) Gerard Depardieu
d) Asterix

2. Wo trafen sich 1814/15 die Herrscher Europas nach dem Sieg über Frankreich zu einem Kongress?
a) Tokio b) New York
c) Berlin d) Wien

3. Wie nannte man den von 1815–1866 bestehenden losen Staatenbund im Zentrum Europas?
a) Bundschuh
b) Bundesland
c) Deutscher Bund
d) Bundesrepublik Deutschland

4. Wer hat die Dampfmaschine erfunden?
a) James Watt
b) Albert Einstein
c) Benjamin Franklin
d) Alfred Nobel

5. In welchem Industriebereich begann die industrielle Revolution in England?
a) Automobilindustrie
b) Textilindustrie
c) Bauindustrie
d) Chemieindustrie

6. Was für ein mit Dampf angetriebenes Fahrzeug baute George Stephenson 1814 als Erster?
a) Hubschrauber
b) Lokomotive
c) Automobil d) Schiff

7. Wie nennt man eine Produktionsstätte für maschinell angefertige Waren?
a) Fabrik b) Depot
c) Abraumhalde
d) Manufaktur

8. Wie werden die materiell besitzlosen Arbeiter seit dem 19. Jahrhundert auch genannt?
a) Kapitalisten b) Proletarier
c) Freiherren d) Clochards

9. In welcher Stadt tagte 1848/49 das erste deutsche Parlament?
a) Bonn b) Berlin
c) Regensburg
d) Frankfurt am Main

10. Welcher preußische Politiker gilt als „eiserner Kanzler"?
a) Fürst von Metternich
b) Ferdinand Lassalle
c) Otto von Bismarck
d) Leo von Caprivi

11. Wer wurde 1852 Kaiser der Franzosen?
a) Ludwig XVI.
b) Napoleon I.
c) Napoleon III.
d) Louis Philippe

12. Welche wichtige Verkehrsstraße wurde zwischen 1859 und 1869 gebaut?
a) Beringstraße
b) Suezkanal
c) George Washington Bridge
d) Panamakanal

13. Wo wurde 1871 das Deutsche Reich gegründet?
a) Berlin
b) Versailles
c) Bonn
d) Frankfurt am Main

14. Wodurch versuchte Otto von Bismarck den Einfluss der SPD im Kaiserreich zurückzudrängen?
a) Reichsdeputationshauptschluss
b) Ermächtigungsgesetz
c) Grundgesetz
d) Sozialistengesetz

15. Welche Versicherung gehörte nicht zur im 19. Jhdt. in Deutschland eingeführten Sozialversicherung?
a) Krankenversicherung
b) Unfallversicherung
c) Lebensversicherung
d) Invalidenversicherung

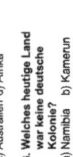

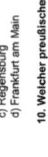

Imperialismus und Erster Weltkrieg

1. Wie nennt man ein Land, das von einer fremden Macht in Besitz genommen und ausgebeutet wird?
a) Bundesland
b) Kolonie
c) Nationalstaat
d) Satellitenstaat

2. Welcher Kontinent wurde im Zeitalter des Imperialismus unter den europäischen Großmächten aufgeteilt?
a) Europa b) Amerika
c) Australien d) Afrika

3. Welches heutige Land war keine deutsche Kolonie?
a) Namibia b) Kamerun
c) Indien d) Togo

4. Welcher Volksstamm lehnte sich gegen die Fremdherrschaft der Deutschen auf und wurde bekämpft?
a) Nubier b) Apachen
c) Buren d) Hottentotten

5. Welches asiatische Land löste sich Ende des 19. Jahrhunderts aus der Isolation und wurde Großmacht?
a) Vietnam b) Korea
c) Mandschuko
d) Japan

6. Welche Insel gaben die Briten im Gegenzug zu Sansibar an das Deutsche Reich im Jahr 1890 zurück?
a) Legoland b) St. Helena
c) Helgoland
d) Kaiser-Wilhelm-Land

7. Welchen heutigen Bundesstaat kauften die USA 1867 für 7,2 Millionen Dollar von Russland?
a) Hawaii b) Texas
c) Alaska d) Louisiana

8. Wenn von „Nibelungentreue" des Deutschen Reichs gesprochen wird, welches Land ist dann gemeint?
a) Österreich-Ungarn
b) Türkei c) Russland
d) Schweiz

9. Welches Ereignis war der Anlass für den Beginn des Ersten Weltkriegs?
a) Ermordung des österreichischen Thronfolgers
b) Russische Revolution
c) Balkankrise
d) Marokkokrise

10. Der deutsche Kriegsplan, an zwei Fronten Krieg zu führen, ist nach welchem General benannt?
a) Schlieffen b) Moltke
c) Blücher
d) Hindenburg

11. Bei welchem Ort in Frankreich fand die härteste Materialschlacht des Ersten Weltkrieges statt?
a) Sedan b) Verdun
c) Oradour-sur-Glane
d) Paris

12. In welcher Stadt begann 1917 die russische Oktoberrevolution?
a) Moskau b) Kiew
c) Petrograd
d) Wladiwostok

13. Wer war maßgeblich am Sieg der russischen Revolution beteiligt und Führer der UdSSR bis 1924?
a) Stalin b) Lenin
c) Trotzki d) Kerenski

14. Aus welcher Dynastie stammte Wilhelm II., der letzte deutsche Kaiser, der am 9.11.1918 abdankte?
a) Habsburg
b) Hohenzollern
c) Staufer d) Welfen

15. Welcher deutsche Politiker unterzeichnete am 11.11.1918 in Compiègne den Waffenstillstand?
a) Friedrich Ebert
b) Matthias Erzberger
c) Philipp Scheidemann
d) Erich Ludendorff

Religion II

10. Welches Tier finde ich in 5. Mose 32, 14 a nicht?
a) Kuh   b) Schaf   c) Pferd   d) Widder

11. Welches Raubtier findest du in Richter 14, 18 a?
a) Löwe   b) Tiger   c) Panther   d) Leopard

12. Wer von diesen Männern hat kein Evangelium geschrieben?
a) Lukas   b) Johannes   c) Matthias   d) Markus

13. Wer ist Dagon?
a) ein Feldherr   b) ein Gott   c) ein Herrscher   d) ein Tempeldiener

14. Wie viele Geschichtsbücher sind im Alten Testament?
a) 12   b) 18   c) 17   d) 13

15. Was bedeutet Petrus?
a) Wasser   b) Fels   c) Stein   d) Öl

16. Was ist im biblischen Sinne ein Sack?
a) ein Transportbehälter   b) ein Arbeitsgerät   c) ein Fahrzeug   d) ein Kleidungsstück

17. Wie viele prophetische Bücher hat das Neue Testament?
a) 1   b) 5   c) 7   d) 3

18. Wie schwer ist ein Lot?
a) ca. 11 g   b) ca. 11 kg   c) ca. 111 g   d) ca. 1 kg

19. Unter welcher Herrschaft befand sich Palästina in den Jahren 312–198 v. Chr.?
a) syrischer   b) babylonischer   c) persischer   d) ägyptischer

20. Wann wurde die erste lateinische Bibel gedruckt?
a) 1412   b) 1472   c) 1452   d) 1492

Religion I

1. Unter wessen Namen finden wir im Alten Testament die meisten Bücher?
a) Jesaja   b) Salomo   c) Mose   d) Daniel

2. Welche „Abkürzung" ist der ganze Name der Person?
a) Rut   b) Tim   c) Sam   d) Jos

3. Was ist Kalne?
a) ein Tier   b) ein Gericht   c) eine Stadt   d) eine Pflanze

4. Wofür steht der Begriff „unter dem Joch sein" nicht?
a) Unterdrückung   b) Fremdherrschaft   c) politische Verfolgung   d) Sklaverei

5. Wer hat die meisten Briefe des Neuen Testaments geschrieben?
a) Johannes   b) Jakobus   c) Timotheus   d) Paulus

6. An welcher Stelle der Bibel kann ich etwas über Kain lesen?
a) 1. Mose 3, 2-7   b) 1. Mose 4, 1-16   c) 2. Mose 4, 1-16   d) 2. Mose 3, 2-7

7. Welches Sinnesorgan finde ich in 1. Mose 20, 8?
a) Nase   b) Haut   c) Mund   d) Ohr

8. An welcher Bibelstelle kann ich das Vaterunser nachlesen?
a) Lukas 6, 9-13   b) Matthäus 6, 9-13   c) Markus 6, 9-13   d) Josef 6, 9-13

9. In welchem dieser 4 Psalmen wird nicht auf Christus hingewiesen?
a) 2   b) 22   c) 10   d) 110

Bitte diese Vorlagen von der CD-ROM ausdrucken.

Informationsbeschaffung   Wahlen zum Deutschen Bundestag 1

Rund um die Bundestagswahlen

Ein Quiz für angehende Wähler/innen

Welche Aussage stimmt?

	1. Versuch	2. Versuch	Der Beweis (Fundstelle mit Nachschlagewerk)

1. **Im Grundgesetz sind fünf Grundsätze für demokratische Wahlen formuliert. Wahlen müssen**
   a) unmittelbar, frei, allgemein, gleich und gemein sein,
   b) alle vier Jahre stattfinden, unmittelbar, frei, allgemein und gleich sein,
   c) frei, gleich, allgemein, unmittelbar und geheim sein.

2. **Jede/r Wähler/in hat bei Bundestagswahlen zwei Stimmen. Für eine gültige Stimmabgabe**
   a) kann jede/r zwei beliebige Kreuzchen auf dem Wahlzettel machen,
   b) darf in jeder Spalte des Wahlzettels höchstens ein Kreuzchen stehen,
   c) reicht es, nur ein Kreuzchen zu setzen.

3. **Mit der Erststimme wählt man**
   a) den/die Kanzlerkandidaten/in,
   b) den/die Wahlkreiskandidaten/in einer Partei,
   c) eine Partei.

4. **Wie verhalten sich Erst- und Zweitstimme zueinander? Für die Mehrheiten im Bundestag**
   a) sind sie gleichermaßen wichtig,
   b) ist die Erststimme wichtiger,
   c) ist die Zweitstimme wichtiger.

5. **In einer „Wahlurne" werden**
   a) die Unterlagen versiegelt in das Wahllokal gebracht,
   b) die Stimmzettel bis zum Auszählen gesammelt,
   c) die ausgezählten Stimmzettel nach der Wahl „beerdigt".

6. **Wählen gehen darf jede/r, der/die**
   a) mindestens 18 Jahre alt ist und in Deutschland wohnt,
   b) mindestens 18 Jahre alt und im Wählerverzeichnis eingetragen ist,
   c) im Wahllokal einen gültigen Personalausweis vorlegt.

Bitte diese Vorlagen von der CD-ROM ausdrucken.

Wege

Teil II

Aufgabe

Beschaffe mit Hilfe von Lexika, des Internets und deinem Erdkundebuchs Informationen zum Thema Weltverkehr.

Beantworte folgende Fragen:

- Informiere dich über historische Fernhandelsbeziehungen (z.B. Seidenstraße, Hellweg, Bernsteinstraße, Hanse).
- Welches sind heute die wichtigen Welthandelswege?
- Was kannst du über die Bedeutung des Suezkanals und des Panamakanals aussagen?
- Den größten Hafen der Welt hat die Stadt Rotterdam. Welchen Vorteil bietet dieser Hafen für den Weltverkehr an Rohstoffen und Industriegütern?

Fasse deine Ergebnisse übersichtlich zusammen. Handelswege kannst du in einer Karte visualisieren. Benutze dabei unterschiedliche Farben, um das Handelsgeflecht darzustellen!

Wer handelt was mit wem?

Teil I

Aufgabe

Beschaffe mit Hilfe von Lexika, des Internets und des Erdkundebuchs Informationen zum Thema Welthandel.

Beantworte folgende Fragen:

- Welches sind die wichtigsten *Welthandelsgüter?* Ordne sie den Gruppen *Rohstoffe/Agrarprodukte* und *Industriewaren* zu.
- Welche Staaten der Erde sind in besonderer Weise am Welthandel beteiligt?
- Was lässt sich über die Warengruppen einzelner *Kontinente* sagen? Nenne konkrete Beispiele aus dem Bereich der Welthandelsgüter!
- Erkläre die Begriffe *Export und Import!*

Fasse deine Ergebnisse in einer Weltkarte zusammen, indem du Warengruppen den Kontinenten zuordnest und Export- und Importbewegungen mit Pfeilen darstellst (qualitative und quantitative Darstellung). Verwende unterschiedliche Farben und Größen, die du in einer Legende erklärst!

Bitte diese Vorlagen von der CD-ROM ausdrucken.

Bitte diese Vorlagen von der CD-ROM ausdrucken.

Informationsbeschaffung   Welthandel und Weltverkehr 4

Beispiel: Frankfurt am Main

Teil IV

Aufgabe:
Beschaffe mit Hilfe von Lexika, dem Internet und dem Erdkundebuch Informationen zum Thema

> Frankfurt am Main
> Hauptstadt der
> deutschen Wirtschaft

Greife dabei folgende Anregungen auf:

- Beschreibe die Lage Frankfurts in Bezug auf die Verkehrsanbindung.
- Beschreibe die Lage zu anderen bedeutenden Städten („Lagevorteil").
- Welche Berufszweige finden sich vorwiegend?
- Was kannst du über die Bedeutung des Flughafens und konkrete Flugbewegungen und deren Häufigkeit aussagen?

> Fasse deine Ergebnisse übersichtlich zusammen. Hier bietet sich z.B. eine Mind-Map an, Zahlenwerte können als Diagramm festgehalten werden. Zur Lage Frankfurts und den Umlandbeziehungen könntest du eine Karte erstellen. Benutze dabei unterschiedliche Farben, um die Inhalte besser darstellen zu können!

© Cornelsen Verlag Scriptor, Berlin · Lernkompetenz: Geschichte, Geografie, ...

Informationsbeschaffung   Welthandel und Weltverkehr 3

Begriffe

Teil III

Aufgabe:
Beschaffe mit Hilfe von Lexika, des Internets und des Erdkundebuchs Informationen zum Thema Welthandel / Weltverkehr.

Erkläre folgende Begriffe:

- Welthandelsmacht:
- Welthandelspartner:
- Handelsbilanz:
- Exportüberschuss:
- Hochlohnland:
- Niedriglohnland:
- Wettbewerbsfähigkeit:
- Welthandelswege:
- Billigflaggenländer:
- Weltflugverkehr:
- Charterflugverkehr:
- Devisen:
- Ferntourismus:
- Terms of Trade:
- OPEC:
- Internationale Arbeitsteilung:
- G 8-Staaten:

© Cornelsen Verlag Scriptor, Berlin · Lernkompetenz: Geschichte, Geografie, ...

VISUALISIERUNGS-TECHNIKEN

Visualisierungstechniken sind den Schülern vielleicht nicht unter diesem Namen bekannt, in Form von Tabellen, Zeitleisten, Flussdiagrammen, Mind-Maps, Diagrammen, Networks usw. gehen sie in der Schule aber täglich damit um.

Aufbauend auf dem chinesischen Sprichwort „Ein Bild sagt mehr als tausend Worte" werden den Schülern in allen Unterrichtsfächern Inhalte, die sonst in ausführlichen Texten oder Zahlenreihen unterzubringen wären, in grafisch aufbereiteten Darstellungen (Tafelbildern) angeboten. Unterrichtsinhalte überschaubarer zu machen, das Lernen zu erleichtern und den Schülern Techniken für eigene Präsentationen an die Hand zu geben sind zentrale Aspekte von Visualisierung. Dies gilt für vorgegebene Darstellungen ebenso wie für deren selbstständiges Erstellen durch die Schüler. Das sinnvolle und inhaltlich korrekte Aufbereiten sowie die Auswahl einer geeigneten Technik müssen trainiert werden. Dies kann in allen Fächern geschehen.

Die Schüler müssen aber gleichzeitig lernen, dass Visualisierung immer auch Verkürzung von Inhalten bedeutet. Jedes Visualisierungsmuster setzt – bewusst oder unbewusst – unterschiedliche inhaltliche Schwerpunkte. (Die Zeitleiste bildet einen Ablauf punktuell ab, das Flussdiagramm betont die Voraussetzungen einer Entwicklung usw.)

Diese unumgängliche Folge muss den Schülern klar sein, und sie müssen über das notwendige Handwerkszeug verfügen, um damit umzugehen. Der kritische Umgang mit Visualisierungstechniken muss vor allem für die verschiedensten Aufbereitungsformen statistischen Materials trainiert werden. Denn, um es mit Winston Churchill zu sagen: „Ich glaube nur der Statistik, die ich selbst gefälscht habe".

Klasse	Methode/Einsatz	Inhalt	Fach
8/9	Umgang mit Statistiken	Bevölkerung und Urbanisierung	Politik
9/10	Tafelbilder	Zweiter Weltkrieg	Geschichte
9/10	Erstellen von Diagrammen	Energieversorgung/ Energieverbrauch	Geografie

BEVÖLKERUNGSENTWICKLUNG UND URBANISIERUNG

Gudula Stamm

Klasse 8/9
4 Unterrichtsstunden

Visualisierungstechniken spielen im Politik- und Geschichtsunterricht eine wichtige Rolle. Das gilt für das Darstellen von Sachverhalten (im Unterrichtsmaterial und in Schülerreferaten) ebenso wie für das Aufbereiten von Lernstoff. Zudem gilt statistisches Material in allen Varianten als wichtige, neben schriftlichem Material geradezu klassische historische Quelle, auf die sich im Unterricht problemlos zurückgreifen lässt.

Mit Statistiken umgehen zu können hat in diesem Zusammenhang den doppelten Effekt der Beherrschung einer allgemeinen Arbeitstechnik und der Fähigkeit, mit historischen Quellen arbeiten zu können. Inhaltlich gibt es zahlreiche Möglichkeiten, dieses Methodentraining in den verschiedenen Jahrgangsstufen anzubinden. Sollen die Schüler üben, selbst Diagramme zu erstellen, eventuell sogar mit Prozentzahlen, bedarf es mathematischer Kenntnisse, die vor dem 7. Schuljahr vermutlich nicht zu erwarten sind. Hier bietet die Industrialisierung als Thema der Klasse 8 ein geeignetes Beispiel. Konkretes Zahlenmaterial liefern die Bevölkerungsentwicklung und die Urbanisierung. Alternativen können z. B. der Ausbau der Eisenbahnstreckennetze oder die Entwicklung der Produktionsziffern sein – sie sind allerdings nicht ganz so anschaulich.

Ziele

- Auswirkungen des schnellen Bevölkerungswachstums auf die Lebensbedingungen während der Industrialisierung kennen lernen
- Wissen über verschiedene statistische Darstellungsformen systematisieren
- Kritische Analyse von Statistiken trainieren
- Auswahl und Erstellung geeigneter statistischer Darstellungsformen üben

Materialliste

- Anlage 1, 2 und 3   Klassensatz
- Anlage 2   Folie
- das an der Schule eingeführte Geschichtsbuch
  (Kapitel zum Thema Urbanisierung während der Industrialisierung, Lebensbedingungen in den wachsenden Städten)
- einige Folien und Folienstifte

Planungsverlauf

 A   **Einführung in die Analyse von Statistiken**

Der Einstieg in die Unterrichtssequenz sollte den Schülern zeigen, dass der Umgang mit Statistiken eine Sache des täglichen Lebens ist und nicht abstrakter Unterrichtsstoff. Dazu bietet es sich z. B. an, die Schüler nach einem Wochenende zu fragen, inwieweit sie in dessen Verlauf mit Statistiken zu tun hatten. Die meisten werden das sicher weit von sich weisen. Beharrt man darauf, dass dem so gewesen ist, werden in der Regel die Sportberichterstattung, Konjunkturdaten, Umfrage- oder Wahlergebnisse und Ähnliches als Beispiele aufgezählt. Anhand der genannten Beispiele muss im Unterrichtsgespräch herausgearbeitet werden, dass zum Verstehen der Statistiken Vorwissen bezogen auf die Art der Darstellung und des Inhalts nötig ist (ca. 5 Minuten).

Anlage 1: Analyse von Statistiken

Danach erhalten die Schüler ein Arbeitsblatt mit allgemeinen Informationen zu Statistiken und Hinweisen zu Analyseschritten. Sie lesen es, markieren die Stellen, an denen es Verständnisprobleme gibt. Diese sollen sie anschließend in Partnerarbeit lösen, verbleibende Fragen werden im Plenum beantwortet. Da das Arbeitsblatt im Wesentlichen vorhandenes Wissen systematisiert, benötigen die Schüler für diese Aufgabe kaum mehr als 10 Minuten Zeit.

Anlage 2: Arbeit mit Statistiken

Anschließend bekommen die Schüler ein zweites Arbeitsblatt mit einer Sammlung verschiedener Typen statistischer Darstellung. Ziel ist, die in der ersten Phase gewonnenen Erkenntnisse zu transferieren. Es wird bewusst darauf verzichtet, die angebotenen Materialien der Schulbücher zu nutzen, da die Schüler den kritischen Umgang mit dem vorgelegten Material trainieren sollen.

Das Angebot enthält Beispiele der gängigsten statistischen Darstellungsweisen, um sie und ihre Namen in Erinnerung zu rufen. Außerdem besteht die Möglichkeit, Schülern mangelhaftes Material vorzulegen, das sie als solches identifizieren müssen. (So fehlen sämtliche Quellenangaben, die Aussage des Kreisdiagramms ist unsinnig bzw. nicht vorhanden.) Da Schüler davon ausgehen, dass Vorlagen im Unterricht richtig und sinnvoll sind, fällt es erfahrungsgemäß vielen schwer, eine begründete, negative Bewertung zu erarbeiten.

In den verbleibenden 30 Minuten werden mit einem Partner arbeitsteilig die erste Aufgabe des zweiten Arbeitsblattes schriftlich gelöst und die Ergebnisse ausgetauscht. Ein Vergleich der Ergebnisse findet in der nächsten Stunde statt.

Aufgabe zwei ist als Hausaufgabe gedacht. Die Schüler sind durch die Vergabe einer Überschrift gezwungen, ihre bisherigen Überlegungen noch einmal zu überfliegen und möglichst knapp die Inhalte zusammenfassen. Denjenigen, die an dieser Stelle noch Probleme haben, wird deutlich, dass sie nicht gründlich genug gearbeitet haben. Gleichzeitig erhalten sie bereits Hinweise darauf, wie plausibel die einzelnen Darstellungen angelegt sind. (Zum Kreisdiagramm lässt sich kaum eine passende Überschrift formulieren.)

B **Analyse von Statistiken**

Die zweite Stunde beginnt damit, dass die Schüler ihre Ergebnisse der letzten Stunde und die Hausaufgabe in Tischgruppen vergleichen und Probleme soweit wie möglich klären. Diese Phase dauert ca. 15 Minuten. Eventuell weiterhin bestehende Unklarheiten erfordern eine kurze Runde im Plenum, um sie im Unterrichtsgespräch beseitigen zu können. Dann wird die Arbeit in Tischgruppen fortgeführt: Die Schüler sollen begründen, warum sie die einzelnen Diagramme für sinnvoll bzw. unsinnig halten (Aufgabe 3). Die Argumente, einschließlich abweichender Meinungen, werden von allen schriftlich festgehalten. Dafür stehen ihnen 15 Minuten zur Verfügung.

Im letzten Drittel der Stunde werden die Gruppenergebnisse im Plenum diskutiert. Eine Folie von Arbeitsblatt 2 liegt für die Schüler bereit, für den Fall, dass sie ihre Argumentation mit Hilfe konkreter Belege untermauern wollen. Sollte das Kreisdiagramm nicht als Unsinn identifiziert worden sein, so kann an dieser Stelle nach den Überschriften gefragt werden.

C   Urbanisierung und Wohnverhältnisse

Um das „nebenbei" erworbene Wissen über die europäische Bevölkerungsentwicklung während der Industrialisierung zu vertiefen und um zu veranschaulichen, was die in Zahlen ausgedrückten Veränderungen in Europa für die Zeitgenossen bedeuteten, steht in der dritten Stunde die thematische Arbeit mit dem vorhandenen Schulbuch im Mittelpunkt. Die Konkretisierung hängt vom jeweiligen Material ab. Da die Industrialisierung in allen Curricula vorgesehen ist und im Rahmen der „sozialen Frage" Stadtentwicklung, Wohnverhältnisse und Lebensbedingungen thematisiert werden, besteht kein Mangel an Unterlagen.

D   Erarbeiten statistischer Darstellungen durch die Schüler

Anlage 3: Darstellen von statistischem Material

Zum Abschluss der Unterrichtssequenz sollen die Schüler ihre Statistikkenntnisse nicht nur zu Analysezwecken nutzen, sondern selbst Diagramme erstellen. Die Anwendung vertieft das erworbene Wissen, fordert fächerübergreifend die mathematischen Fähigkeiten und die motorischen Fertigkeiten. Zugleich schärft sie den Blick für die (Denk-)Arbeit, die hinter einer Statistik steht. Als Basis dafür dient Arbeitsblatt 3, das die nötigen Anweisungen zum Vorgehen und das Zahlenmaterial enthält. Die Auswertungsphase bietet zudem die Gelegenheit, den Einfluss der Darstellung auf die Aussage an konkreten Beispielen zu diskutieren.

Die Schüler können grundsätzlich frei entscheiden, welche Darstellungsformen sie wählen. Im Sinne einer Binnendifferenzierung sollten diejenigen, die über die entsprechenden mathematischen Fähigkeiten verfügen, jedoch motiviert werden, sich auch an die prozentuale Berechnung von Steigerungsraten oder ähnliche, anspruchsvollere Anwendungen zu wagen. Erfahrungsgemäß versuchen sich zahlreiche Schüler an der Erstellung von Kreisdiagrammen – und stoßen relativ schnell an ihre Grenzen. Dieses augenscheinliche Scheitern bedeutet dennoch einen Erkenntnisgewinn, denn so wird der Aufwand deutlich, den eine Darstellung bedeutet, die etwa in Nachrichten zum Allgemeingut geworden ist. Neben der Auswahl der geeigneten Diagrammart stellt die Bestimmung eines sinnvollen Achsenmaßstabes für viele Schüler ein Problem dar. Hier können gezielte, individuelle Hinweise in der Arbeitsphase hilfreich sein. Für die Arbeitsphase stehen 30 Minuten zur Verfügung.

Es erleichtert den Vergleich der Arbeitsergebnisse, wenn einzelne Schüler, die schnell fertig sind, ihre Diagramme auf Folien übertragen (auf übermäßige Genauigkeit kann, um nicht übertrieben viele Zeit zu verwenden, verzichtet werden). Dabei geht es nicht um falsch oder richtig. Vielmehr wird anschaulich, wie sich die Darstellungsart, die Wahl des Maßstabes, die Auswahl der bearbeiteten Informationen usw. auf die Inhalte auswirken können.

Ob diese Ergebnisse noch an der Tafel festgehalten werden und/oder die Schüler zu Hause zwei bewusst die Inhalte verzerrende Darstellungsformen ausprobieren, hängt vom weiteren Vorgehen und der Lerngruppe ab. Möglich ist auch, den Aha-Effekt dieses Vergleichs auszunutzen und mit etwas zeitlichem Abstand in einem anderen inhaltlichen Zusammenhang darauf zurückzukommen. Ebenso muss die Zusatzaufgabe (s. Arbeitsblatt 3) nicht zwingend aufgenommen werden, sie bietet sich aber als freiwillige Hausaufgabe an.

Tipps:
Wie deutlich geworden sein sollte, ist die Arbeit mit Statistiken zu fast jedem Thema möglich. Arbeitsblatt 1 kann dazu ohne weiteres übernommen werden. Andere Statistiken sind in Schul- und in Fachbüchern zahlreich vorhanden. Für relativ aktuelle Themen bieten sich besonders auch die Veröffentlichungen der Statistischen Ämter von Bund und Ländern an.

Vom Vorwissen hängt es ab, wie tief gehend die Statistiken inhaltlich bearbeitet werden sollen. Wenn es nur um einen Einblick in Entwicklung und Konsequenzen des Bevölkerungswachstums und der Urbanisierung geht, erklären sich die Daten weitgehend selbst, so dass das Wissen um den Zusammenhang mit der Industrialisierung genügt. Geht es um den europäischen Vergleich, die Auswirkungen bis in die Gegenwart, einen Vergleich mit den Megastädten der Entwicklungsländer oder auch um städtebauliche Aspekte, so muss entsprechend vor-/nachgearbeitet oder begleitendes Material eingebracht werden. Der Platz der Sequenz innerhalb einer Unterrichtsreihe zum Thema Industrialisierung kann sich damit weitgehend an der Lerngruppe und den jeweiligen Interessen orientieren.

Quellenangabe:
Die zugrunde liegenden Zahlen finden sich in: Carlo M. Cipolla, Knut Borchardt (Hrsg.), Europäische Wirtschaftsgeschichte, Band 4, Stuttgart/New York, 1985, S. 489.

ZWEITER WELTKRIEG

Ralf Dornbusch

Klasse 9/10
3 Unterrichtsstunden

Tafelbilder entwickeln und historische Zusammenhänge so darzustellen, dass den Schülern ihre Bedeutung klar wird, ist eine hochkomplizierte Herausforderung. Schüler verfügen oft nicht über das Fach- und Hintergrundwissen, das nötig ist, um grafische Vereinfachungen verstehen zu können. Damit Schüler nicht nur den inhaltlichen Aspekt eines Tafelbildes verstehen, sondern auch die grafischen Möglichkeiten kennen lernen, bietet sich eine gleichzeitige Analyse der Darstellung der historischen Strukturen an.
Die folgenden Tafelbilder sind entlehnt aus: Osburg, Florian: Tafelskizzen für den Geschichtsunterricht. Diesterweg, Frankfurt a. M. 1994. Sie bieten die Grundlage für eine Kurzpräsentation eines Teilaspektes des Zweiten Weltkrieges. Neben der inhaltlichen Aufarbeitung sollen die Schüler das

Tafelbild weiter entwickeln und durch zusätzliche Bilder, Symbole oder Grafiken auf Plakaten anschaulicher gestalten.

Ziele

- Umsetzen von grafischer Darstellung in eine verbale Information
- deuten und verstehen von Symbolen
- Teilschritte des Verlaufs des Zweiten Weltkriegs kennen lernen

Material

- pro Schüler je eine Anlage
- pro Anlage eine Folie
- Nachschlagewerke
- Plakate

Planungsverlauf

 A Klärung des Inhalts – Einzelarbeit

Anlage 1 und 2: Zweiter Weltkrieg

Jeder Schüler erhält eine der Anlagen. Folgende Aufgaben müssen in Einzelarbeit erledigt werden:

1. Klärung des Sachverhalts (Was ist passiert? Welche Begriffe sind unklar und müssen erklärt werden?)
2. Klärung der Bedeutung der grafischen Gestaltung (Was für Darstellungsformen wurden verwendet? Was bedeuten die Symbole, Tabellen und geometrischen Formen?)
3. Kritik (Ist die grafische Gestaltung eindeutig? Wie könnte das Tafelbild besser gemacht werden?)

Zur inhaltlichen Erarbeitung sollten ausreichend Nachschlagewerke (auch Lehrbücher) zur Verfügung stehen.

B Austausch der Informationen – Gruppenarbeit

Jeder Schüler sucht sich die Mitschüler, die dieselbe Anlage bearbeitet haben. In der Gruppe tauschen sich alle über den Inhalt ihrer Anlage aus, Fragen werden geklärt und fehlende Informationen nachgetragen.

C — Plakatarbeit

Jede Gruppe überträgt das „korrigierte" Tafelbild auf ein Plakat und ergänzt bei Bedarf durch Symbole, Bilder oder Grafiken. Die Gruppe bereitet sich anhand des Plakats auf eine Präsentation vor (siehe: Präsentation).

D — Präsentation

Jede Gruppe präsentiert nach den drei Schritten aus der Erarbeitungsphase das Plakat. Nach Beendigung der Präsentation legt jede Gruppe das Ursprungs-Tafelbild als Folie auf und erläutert, warum die Veränderungen vorgenommen wurden.

Die Mitschüler geben Rückmeldungen darüber, ob ihnen die Veränderung der Grafik für das Verständnis des historischen Inhalts geholfen hat.

ENERGIEVERSORGUNG UND -VERBRAUCH

Verena Speer-Ramlow

Klasse 9/10
1–2 Unterrichtsstunden

Vor der Bearbeitung der Aufgaben werden die Möglichkeiten des Visualisierens besprochen. Um Tabellen in Diagramme zu verwandeln, bieten sich folgende Formen an: Kurvendiagramm – Säulendiagramm – Kreisdiagramm – Balkendiagramm.

Es sollte auch auf die Vorteile einzelner Diagrammformen hingewiesen werden. Dies ist wichtig, da sich die Schüler später selbstständig und begründend für eine Diagrammart entscheiden müssen.

Ziele

- Erkennen, welche Möglichkeiten der Visualisierung das Lesen von Tabellen erleichtern
- Tabellen als unterschiedliche Diagramme darstellen

Material

- Anlage 1   Klassensatz
- Karopapier oder Millimeterpapier

Planungsverlauf

 Bearbeitung der Aufgabe

Anlage 1: Energieversorgung/Energieverbrauch

Das Schülerarbeitsblatt wird ausgeteilt und die Aufgabe erläutert.
Während sich die erste Aufgabe lediglich auf das Visualisieren der Tabellen bezieht, stellen die Aufgaben 2 und 3 eine Analyse der Daten und ein Überdenken des eigenen Handelns dar.
Für die grafische Gestaltung der Diagramme sollte den Schülern genügend Zeit (bis zu einer ganzen Unterrichtsstunde) eingeräumt werden. Dies hängt davon ab, wie geübt die Lerngruppe im zeichnerischen Umgang mit Diagrammen ist und ob die Diagramme am PC oder von Hand erstellt werden. Die Analyse bietet sich als anschließende Hausaufgabe an.

Visualisierungstechniken   Bevölkerungsentwicklung und Urbanisierung 1

Grundsätzliches

Ob du vom Dorf in die nächste Großstadt ziehst, ist, historisch betrachtet, uninteressant. Verhalten sich aber viele deiner Zeitgenossen genauso, sieht das schon anders aus.
Denn viele Entwicklungen in Wirtschaft und Gesellschaft werden dadurch bedeutsam, dass sie massenhaft auftreten. Deine Wohnsituation, Firmengründungen vor Ort, die Lebenserwartung deiner Großeltern usw. erscheinen in einem anderen Licht, wenn man sie „im Ganzen" oder „im Durchschnitt" betrachtet. Dies zu berechnen und zu bewerten ist Aufgabe der Statistik.
Statistiken stellen umfangreiche Zusammenhänge oft sehr kompakt dar und brauchen dazu wenige Begriffe, Zahlen und grafische Zeichen. Um Statistiken lesen zu können, muss man also bestimmte Regeln kennen und beachten. Das ist auch deshalb wichtig, weil Statistiken oft aussehen, als ob sie ganz unvoreingenommen nur die Realität abbilden. Dabei verschweigen sie manchmal Wesentliches oder drängen bestimmte Interpretationen durch die Form der Darstellung auf.

Statistische Darstellungsformen

Statistiken werden entweder in Form von Tabellen oder als Grafik dargestellt. Bei Grafiken gibt es vielfältige Formen: Säulen-, Balken-, Kreis-, Kurven-, Flächendiagramm usw. Als Schaubilder bezeichnet man Grafiken, die bildliche Elemente enthalten.

Hilfestellungen zum Lesen von Statistiken

Das Ziel jeder Arbeit mit Statistiken ist, die Aussage zu erfassen und sie zu bewerten. Also muss man zunächst genau hinsehen, was dargestellt wird, um sich anschließend, mit dem Dargestellten auseinander setzen zu können.

1. Schritt: Beschreibung des Themas

- Zu welchem Thema/welchen Themen will die Statistik etwas aussagen?
- Für welche Zeit und für welchen Raum soll sie gelten?
- Wer hat die Statistik verfasst?
- Bei Befragungen: Wie lautet die Fragestellung?

Visualisierungstechniken   Bevölkerungsentwicklung und Urbanisierung 2

Arbeit mit Statistiken

Du hast im Zusammenhang mit der Industrialisierung bereits gesehen, dass sich die Bevölkerungszahlen verändern. Diese Veränderungen lassen sich besonders deutlich in Zahlen ausdrücken. Unsere Arbeitsgrundlage sind hier vor allem **Tabellen** und **Diagramme**, wir arbeiten also mit **Statistiken**. Den Umgang mit Statistiken muss man üben, denn Statistiken können sehr unterschiedlich aussehen und, obwohl sie dieselben Inhalte abbilden, sehr unterschiedliche Interpretationen nahe legen.

Vergleiche dazu die Abbildungen unter folgenden Aufgabenstellungen:

1. Bearbeite die abgebildeten Statistiken mit Hilfe des Arbeitsblattes zur „Analyse von Statistiken".
2. Formuliere für jede Statistik eine genaue Überschrift.
3. Nicht alle Darstellungsformen sind sinnvoll gewählt. Welche hältst du für sinnvoll, welche für unsinnig? Begründe.

Bevölkerungsentwicklung

	Deutschland	Frankreich	Großbritannien	Russland
1750/51		21 000 000	7 400 000	28 000 000
1820/21	25 000 000	30 500 000	14 100 000	48 600 000
1850/51	34 000 000	35 800 000	20 800 000	68 500 000
1900/01	56 400 000	39 000 000	37 000 000	132 900 000
1910/11	64 900 000	39 600 000	40 800 000	160 700 000

Bevölkerung Deutschlands

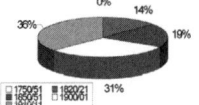

Bevölkerungsentwicklung

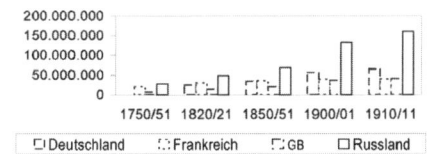

Bevölkerung: Wachstumsraten

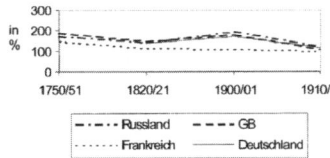

 Visualisierungstechniken   Bevölkerungsentwicklung und Urbanisierung 3

Darstellen von statistischem Material

Wenn du Statistiken analysieren kannst, kannst du auch selbst Daten aufbereiten. Hier geht es darum, Grafiken zu erstellen. Dazu brauchst du Datenmaterial mit einer Quellenangabe, mindestens eine Fragestellung, eine Darstellungsform und einen Überblick über das Thema, um das Ganze beurteilen zu können.

Für dein Vorgehen heißt das:

- Material sichten
- Frage(n) an das Datenmaterial formulieren (zu welchem Thema, über welchen Zeitraum, wo, welche Entwicklungen ...)
- entscheiden, ob mit absoluten Zahlen weitergearbeitet werden soll oder mit Prozentzahlen (ggf. rechnen!)
- die Darstellungsform auswählen
- die Grafik zu Papier zu bringen
- der Grafik eine Überschrift geben
- kontrollieren, ob Grafik und Frage zusammenpassen

Aufgabe

Erstelle aus dem in Form einer Tabelle vorliegenden statistischen Material zwei sinnvolle und optisch ansprechende Grafiken mit verschiedenen inhaltlichen Schwerpunkten.

Einwohnerzahlen ausgewählter deutscher Städte

Stadt	um 1818/19	um 1850	1870/71	1910
Augsburg	30 000	39 000	51 000	102 000
Berlin	198 000	412 000	826 000	2071 000
Charlottenburg	4 000	9 000	20 000	306 000
Dortmund	4 000	11 000	44 000	214 000
Hamburg	128 000	175 000	290 000	931 000
Köln	50 000	97 000	129 000	517 000
Leipzig	35 000	63 000	107 000	596 000
München	54 000	107 000	169 000	679 000

Daten in: Jürgen Reulecke, Geschichte der Urbanisierung in Deutschland, Frankfurt/Main 1985, S. 203 f.

Zusatzaufgabe:

Versuche, die unterschiedliche Entwicklung der ausgewählten Städte zu erklären (Geschichtsbuch, Atlas)!

Bitte diese Vorlagen von der CD-ROM ausdrucken.

Energie

Die folgenden Tabellen geben dir Aufschluss über den weltweiten Energieverbrauch, die Rohstoffreserven und den Energiebedarf.

• Wandle zunächst alle Tabellen in entsprechende Diagramme um. Überlege dir gut, welche Art des Diagramms (Darstellungsart) welcher Tabelle am besten entspricht (Säulendiagramm, Kurvendiagramm, Kreisdiagramm). Du kannst die Diagramme von Hand zeichnen oder den PC benutzen!

1. Weltbevölkerung – Energieverbrauch – Umweltgefährdung

	Weltbevölkerung in Mrd.	Energieverbrauch in Mrd. t SKE	CO_2-Ausstoß in Mrd. t
1990	5,3	11,0	22,6
2000	6,2	13,0	25,0
2010	7,1	16,6	31,9

2. Wirtschaftlich gewinnbare Vorräte fossiler Energieträger (in Mrd t SKE)

	Kohle	Erdöl	Erdgas
in Mrd. t	566	196,7	158,3

Gesamtverfügbarkeit: 921 Mrd t. SKE (1995)

3. Pro-Kopf Energieverbrauch in unterschiedlichen Ländern (in Mrd. t. SKE/1995)

Energieverbrauch	USA	Deutschland	Frankreich	Japan	VR China	Indien	Tansania	Tschad
in Mrd. t	10 815	5 791	5 428	4 796	861	353	37	7

• Analysiere – nachdem du die Diagramme erstellt hast – die Zahlen und mache Aussagen zum weltweiten Energieverbrauch und der Endlichkeit der fossilen Energieträger.
• Welche Folgerungen ergeben sich für deinen persönlichen und den weltweiten Energiebedarf?

Aus GEOGRAPHIE Mensch und Raum 9/10, Cornelsen 1997, S. 141.

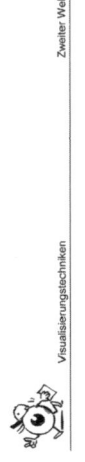

Hitlers Weg in den Zweiten Weltkrieg

1,9,1939 Überfall auf Polen

1939 Besetzung der Rest-ČSR

1938 Münchener Abkommen

1938 Anschluß Österreichs an Deutschland

1936 Beginn der dt.-ital. Intervention gegen die spanische Republik / Militärische Besetzung des Rheinlandes

1935 Engl.-dt. Flottenabkommen / Einführung der allgemeinen Wehrpflicht

Bruch von Versailles

1933 Machtantritt

Der Beginn des Zweiten Weltkrieges

Finnland · "Winterkrieg" 1939/40 · UdSSR

Finanzielle Hilfe

23.8.1939 "Nichtangriffsabkommen" "Geheimabkommen": Aufteilung Polens / Festlegung von Interessensphären

P · 17.9.1939

GB · "Drôle de guerre" · D · 1.9.1939 · F

Kein Angriff auf D!

Divisionen 110 / 23

Aus: Praxis Politik. "Tafelsatzton für den Geschichtsunterricht" Bildungshaus Schroedel Diesterweg Klinkhardt Winklers GmbH & Co. KG, Frankfurt am Main

BRAIN-STORMING

Brainstorming meint das kommentarlose Sammeln von spontanen Einfällen zur Lösung von Problemen. Es handelt sich dabei um eine Kreativitätstechnik, die nach festen Regeln und Abläufen durchgeführt wird.

Die Voraussetzungen für ein gelungenes Brainstorming sind einerseits das Beherrschen sowie das Einhalten der entsprechenden Regeln. Andererseits braucht jemand, der sich auf diese Weise ein Thema erschließen möchte, aber auch ein Grundwissen, um überhaupt assoziieren zu können.

Klasse	Methode/Einsatz	Inhalt	Fach
9/10	Bildbetrachtung	Der National- sozialismus	Geschichte
7–10	Präsentation	Globale Klima- veränderungen	Geografie

NATIONALSOZIALISMUS

Gudula Stamm

Klasse 9/10
2 Unterrichtsstunden

Bis zur 10. Klasse, wenn der Nationalsozialismus und der Zweite Weltkrieg Unterrichtsgegenstand in Geschichte sind, hat sich bei allen Schülern ein mehr oder minder diffuses Wissen zu diesem Thema angesammelt. In der Schule tragen z. B. die Fächer Deutsch, Religion, Politik und Sozialwissenschaften dazu bei. Außerschulisch informieren Gespräche in den Familien und/oder Dokumentationen und historische wie aktuelle Berichterstattungen der Medien.

Diese Anhäufung von zumeist unverbunden nebeneinander stehenden „Wissenshäppchen" gilt es für den Unterricht aus mehreren Gründen aufzuschließen:

- Die Schüler haben gleich am Anfang einer Unterrichtsreihe das Erfolgserlebnis, dass sie zum Thema etwas beisteuern können.
- Durch die Systematisierung des Vorwissens gewinnen sie in eigener Regie neue Erkenntnisse.
- Sie gestalten die Struktur den Unterrichtsreihe mit.
- Für die weitere Unterrichtsplanung steht fest, auf welche Kenntnisse und Interessen aufgebaut werden kann.

Um den Assoziationsprozess in Gang zu setzen und das Potenzial der Schüler zu erschließen, wird der Lerngruppe nicht nur die allgemein gehaltene Überschrift „Der Nationalsozialismus" vorgegeben. Vielmehr erhält die Lerngruppe eine Auswahl von Bildern, vorzugsweise Fotos, als Basis für das Brainstorming. Um das Themenspektrum annähernd abzudecken und vielfältige Assoziationen auszulösen, bedarf es einer entsprechend überlegten Bildauswahl.

Wir haben auf Bildvorschläge verzichtet. Die Auswahl richtet sich nach der Lerngruppe und kann z. B. auch stark regional ausgerichtet werden. Entsprechende Abbildungen lassen sich über die zahlreichen Publikationen zum Themenbereich, Museen und Archive und über die Suchmaschinen im Internet finden.

Selbstverständlich lässt sich die Lernanordnung nahezu auf jedes Thema anwenden, zu dem eine Vielzahl an kontroversen und aussagekräftigen Bildern verfügbar ist.

Ziele

- Zusammentragen von Vorwissen zu einem vorgegebenem Thema
- Strukturieren des Themas

Materialliste

- eine Sammlung von Bildern, die Szenen aus der Zeit des Nationalsozialismus darstellen (um den Schülern eine Auswahl zu ermöglichen, sollte die Bilderzahl die Schülerzahl übersteigen; es ist unproblematisch, wenn einige/alle Bilder doppelt vorhanden sind)
- eine Folie der Brainstorming-Regeln
- mindestens zehn Kärtchen im Format DIN A6 je Schüler
- Briefumschläge C 6 (mindestens fünf pro Gruppe)
- Edding o. Ä. je Schüler
- zwei Rollen Klebeband

Planungsverlauf

 A　　　　　　　**Bilder- und Darstellungssuche**

Zunächst muss im Klassenraum die Mitte freigeräumt werden, um Platz zu gewinnen. Die Bildersammlung wird dort auf dem Fußboden verteilt. Die Schüler erhalten den Auftrag sich die Bilder in Ruhe anzusehen, sie zu umrunden und sich eines auszusuchen, das sie besonders anspricht. Auf ein Signal hin nimmt jeder das ausgewählte Bild oder eines der übrig gebliebenen (Hinweis an die Schüler, dass es nicht zentral auf den einzelnen Bildinhalt ankommt). Während des Betrachtens sollte nicht gesprochen werden. Die übrig gebliebenen Bilder werden wieder eingesammelt. Die Phase dauert maximal 10 Minuten.

Anschließend werden die Tische für Vierergruppen zusammengerückt und entsprechende Zufallsgruppen gebildet, die sich mit „ihren" Bildern zusammensetzen. Die Schüler bekommen die Aufgabe, sich in Form eines Brainstormings mit ihrem Bild auseinander zu setzen. Zur Erinnerung liegt eine Folie mit den Brainstormingregeln auf, nach denen jetzt vorgegangen wird. Ausgehend von „ihrem" Bild schreiben die Schüler individuell stichwortartig alles auf Kärtchen (deutlich, mit Edding o. Ä.), was ihnen einfällt. Über die offen ausgelegten Kärtchen der anderen ergeben sich weitere Assoziationen. Für die Sammelphase werden 10 Minuten Zeit vorgegeben.

Anschließend stellt jeder Schüler seine Ideen in der Kleingruppe kurz vor, ohne dass die anderen dazu Stellung nehmen. Auch hierfür stehen den Schülern 10 Minuten Zeit zur Verfügung.

Die verbleibende Zeit der Unterrichtsstunde (etwa 15 Minuten) nutzen die Gruppen dazu, ihre Kärtchen zu sortieren und damit ihre Ideen zu strukturieren. So gelangen sie zu handhabbaren thematischen Schwerpunkten des Komplexes Nationalsozialismus. Damit die Strukturierung für die nächste Stunde nicht verloren geht, erhalten die Schüler ausreichend Briefumschläge, in denen jeweils ein Teilthema verwahrt wird. Die Beschriftung des Umschlages (ebenfalls deutlich und mit Edding) mit einem Stichwort zum Thema ergibt die Strukturierung für die Auswertung in der gesamten Lerngruppe. Die Bilder bleiben zunächst noch in den Gruppen.

B **Auswertung – Erstellen einer Mind-Map**

Den Schülern wird das weitere Vorgehen vorgestellt: Die Sammel- und Sortierergebnisse der letzten Stunde sollen in dieser Stunde im Plenum ausgewertet werden. Dabei ergänzen, modifizieren und korrigieren sich die Schüler gegenseitig.

Zum Vergleich der Arbeitsergebnisse werden zwei Gruppen ausgelost, die ihre Strukturierungsvorschläge jeweils verdeckt an der Tafel als Mind-Map zum Thema „Nationalsozialismus" aufbereiten:

- Kärtchen mit Klebeband anheften,
- Linie mit Kreide einzeichnen.

Dabei dienen die Umschläge als Beschriftung der Hauptäste. Die übrigen Gruppen legen ihre Stichworte entsprechend auf der Tischplatte aus (ohne Linien!). Da die inhaltliche Zuordnung der Kärtchen zu einem Thema bereits geleistet ist, werden hierfür nur wenige Minuten benötigt.

Die Lerngruppe diskutiert, welcher Vorschlag für eine Themen-Strukturierung ihr sinnvoller erscheint, und entscheidet dann, welches Beispiel zur Arbeitsgrundlage erhoben wird. In der Diskussion zeichnen sich bereits Vorschläge zur Modifizierung der gegebenen Struktur, zur Veränderung von

Bezeichnungen und zur Ergänzung durch weitere Aspekte ab. Die Schüler werden aufgefordert, durch Umhängen, das Einarbeiten oder ggf. das Neuformulieren von Kärtchen alle in der Lerngruppe vorhandenen Assoziationen in die Mind-Map einzuarbeiten.

Diese Arbeitsphase nimmt sicherlich 20 Minuten in Anspruch.

Da die Schüler gelernt haben, Mind-Maps durch Illustrationen noch prägnanter zu gestalten, könnten sie gebeten werden (wenn dafür noch Zeit vorhanden ist), aussagekräftige Bilder aus der vorhandenen Sammlung den Hauptästen zuzuordnen.

Die Schüler übernehmen die fertige Mind-Map in ihr Heft. Damit haben sie einen ersten Überblick über die kommende Unterrichtsreihe, selbst wenn nicht alle genannten Aspekte im gleichen Umfang im Unterricht berücksichtigt werden oder noch andere dazukommen.

Die Auswahl der Bilder und die Häufung der Assoziationen vermitteln dem Lehrer einen Eindruck von Kenntnisstand und Interessen der Lerngruppe.

GLOBALE KLIMAVERÄNDERUNGEN

Verena Speer-Ramlow

Klasse 9/10
2 Unterrichtsstunden

Die Themen Klimaveränderung und Treibhauseffekt sind vielen Schülerinnen und Schülern nach der Jahrhundertflut der Elbe durchaus bekannt, da in den Medien immer wieder darüber berichtet wurde.

Ziel des Unterrichtsvorhabens ist es zum einen, mit einer kreativitätsfördernden Methode das Vorwissen der Schüler zu diesem Inhalt „abzufragen" und zum anderen, ihnen bewusst zu machen, wie direkt konfrontiert wir mit diesem Problem sind. Im weiteren Verlauf der Unterrichtsreihe sollte dann auf die Ursachen der Klimaveränderungen eingegangen werden, wobei die Sensibilisierung der Schüler für ihr eigenes umweltgerechtes Verhalten im Vordergrund stehen sollte.

Planungsverlauf

 A **Regeln für das Brainstorming**

Der Lehrer sollte zunächst das Thema der Gruppenarbeit vorstellen, die Begriffe Klima und Klimaveränderung kurz erläutern und die Regeln des Gruppenbrainstorming mit den Schülern gemeinsam besprechen.

B **Arbeitsphase**

Anschließend werden nach dem Zufallsprinzip 4er-Gruppen gebildet (die Gruppengröße kann bei Bedarf auch verändert werden).

Anlage 1: Arbeitsblatt

Für das Brainstorming und die Vorbereitung des Vortrages sollten mindestens 45 Minuten vorgesehen werden. Je nach Anspruch der Präsentation muss der zeitliche Rahmen erweitert werden.

Tipp:
Das Arbeitsblatt kann leicht für weitere Themen genutzt werden. Entsprechend ist dann das Thema auszutauschen, z. B.:
Entwicklungsländer – viele Menschen leben in Armut
Die Zerstörung der Regenwälder für die Möbelindustrie

PRÄSENTATION

Etwas präsentieren ist für Schüler oft gleichbedeutend mit sich präsentieren. Allein vor der Klasse stehen und Inhalte vermitteln ist für Schüler ungewohnt und eine Ausnahmesituation. Erst wenn die Präsentation zum Alltag wird, gelingt es Schülern, ihre exponierte Situation als Normalität anzunehmen und sich dadurch stärker auf den Inhalt der Präsentation konzentrieren zu können.

Jede Präsentation setzt voraus, dass elementare Methoden wie Lesetechniken, Markieren/Strukturieren, Notizen machen beherrscht werden. Insofern ist eine Präsentation auch immer Rechenschaftslegung der eigenen methodischen Fertigkeiten (das gilt übrigens auch für Lehrer!). Ohne eine intensive Vorbereitung auf die Präsentation kann sie nicht gelingen. Das bedeutet, dass man entsprechende Techniken trainieren muss. Das wiederum eröffnet die Möglichkeit einer differenzierten Bewertung der Präsentationsleistung. Nicht nur das Ergebnis steht im Vordergrund, sondern ebenso die prozesshafte Entwicklung der Präsentationsleistungen jedes einzelnen Schülers.

Klasse	Methode/Einsatz	Inhalt	Fach
7/8	Kleingruppenarbeit	Beginn der Neuzeit	Geschichte
8/9	Expertenrunde	Deutsche Geschichte des 19. Jahrhunderts	Geschichte
10	Partnerarbeit	Hitlers Helfer	Geschichte
8	Gruppenarbeit	Stars – Idole – Vorbilder	Religion

BEGINN DER NEUZEIT

Ralf Dornbusch

Klasse 7/8
10 Unterrichtsstunden

Im Anschluss an einen Schwerpunkttag mit dem Thema Präsentationen sollten selbstverständlich auch im Fachunterricht Präsentationen erarbeitet
werden. Das vorliegende Arbeitsblatt versammelt eine Vielzahl von Themen,
die häufig nur am Rande, in anderen Zusammenhängen oder gar nicht
im Geschichtsunterricht thematisiert werden. Inhaltlich lässt sich dieser
„historische Bauchladen" dem Übergang vom Mittelalter zur Neuzeit zuordnen.
Die Schüler wählen sich in Partnerarbeit ein Thema aus, das sie ihren Mitschülern präsentieren wollen. Die Vorbereitung, Durchführung und Bewertung erfolgt nach festgelegten Kriterien.

Ziele

- Präsentation planen, erarbeiten, durchführen und auswerten

Materialliste

- Anlage 1   Klassensatz
- Beobachtungsbögen
- eine Blanko-Folie pro Präsentationsgruppe
- Nachschlagewerke, Internetzugang
- diverse Materialien für die Veranschaulichung von Inhalten

Planungsverlauf

 A   Präsentationsvorbereitung

Anlage 1: Themenkatalog

Der Themenkatalog wird gemeinsam mit den Schülern besprochen. Im Ein-
leitungstext werden die Schlüsselbegriffe markiert:

- Durchlesen der Themenangebote
- Informationen sammeln
- Partnerarbeit
- Bewertung
- Qualität des Inhalts
- Hilfsmittel
- Vortragstechnik

B   Präsentationserstellung

Die Schüler müssen auf die vier Schritte der Präsentationsvorbereitung hingewiesen werden, damit sie eine gezielte Zeitplanung vornehmen können. Ein Teil der Präsentationsvorbereitung sollte im Unterricht erfolgen, insbesondere die Informationssammlung und Verarbeitung, um allen Schülern gleiche Ausgangsbedingungen zu ermöglichen.

Anlage: Präsentationsregeln (Grundlagen 1)

C   Präsentationen und Bewertung

Während der Präsentation machen sich alle Schüler inhaltliche Notizen. Im direkten Anschluss an die Präsentation wird ein Arbeitsblatt mit fünf Fragen als Folie aufgelegt. Die Schüler beantworten die Fragen schriftlich, während die Gruppe der Präsentierenden einen Beobachtungsbogen über die Einschätzung ihrer eigenen Präsentationsleistung ausfüllen. Die Präsentierenden klären mit der Klasse die richtigen Antworten.

Anlage: Beobachtungsbogen

Im Anschluss an die Präsentation notieren die Mitschüler ihre Eindrücke auf den vorliegenden „Beobachtungsbogen Präsentation". In ihrer Tischgruppe (4 Schüler) verständigen sich die Schüler anhand ihrer Notizen über eine mögliche Bewertung der Präsentation.

Die Präsentierenden erhalten im Anschluss an die Bewertungsphase die Beobachtungsbögen ausgehändigt und können so ihre eigenen Eindrücke mit denen des Publikums vergleichen.

Die Bewertung der Präsentation erfolgt in Absprache mit dem Lehrer und auf der Grundlage der Beobachtungsbögen.

DEUTSCHE GESCHICHTE DES 19. JAHRHUNDERTS

Ralf Dornbusch

Klasse 8/9
4 Unterrichtsstunden

In der knappen, inhaltlich präzisen und für Schüler verständlichen Erzählweise bietet sich „Deutsche Geschichte" von Manfred Mai als Textvorlage für eine Wiederholung oder eine Zusammenfassung von Inhalten zur Deutschen Geschichte ganz hervorragend an.

Die vorliegende Lernanordnung zum Thema Vom Wiener Kongress zur Reichsgründung umfasst insgesamt vier Unterrichtsstunden, die methodisch unterschiedlich ausgerichtet sind. Sie dient in erster Linie der Wiederholung bereits bearbeiteter Inhalte. Die Schüler sollen zeigen, dass sie den vorliegenden Text verstanden haben und in der Lage sind, den abstrakten Inhalt gemeinsam mit ihren Gruppenmitgliedern in eine einprägsame und fiktive Handlung zu transferieren und diese zu präsentieren.

Die vorliegenden Texte müssen vor der Ausgabe an die Schüler auf der Rückseite bereits markiert werden, um die „Expertenrunde" durchführen zu können. Bei einer Klassengröße von 30 Schülern bedeutet dies: 1A, 1B, 1C, 1D, 1E und die Texte zum zweiten Themenkomplex 2A, 2B. Die Zahlen bezeichnen die Stamm-, die Buchstaben die Expertengruppen.

Ziele

- Textabschnitt inhaltlich erschließen
- sich in Kleingruppen über Inhalte verständigen und auf Kernaussagen einigen
- Inhalt als Experte Mitschülern präsentieren
- mit der Stammgruppe den Inhalt als Rollenspiel präsentieren

Materialliste

- Anlage 1   Klassensatz
- Anlage 2–7   jeweils sechs auf der Rückseite für die Expertenrunde markierte Exemplare

- Eddings
- sechs Plakate (mindestens DIN A2)

Planungsverlauf

 Texterarbeitung – Einzelarbeit

Anlage 1: Rollenspiel – Deutsche Geschichte

Jeder Schüler erhält ein markiertes Arbeitsblatt. Der Text muss zunächst mit den bekannten Lesetechniken erarbeitet werden.

 Gruppenarbeit

Die Schüler finden sich in ihrer Stammgruppe zusammen. Die Gruppe bespricht die Zusammenfassungen und einigt sich auf wenige charakteristische Schlagworte (z. B.: „Karlsbader Beschlüsse", „Kommunistisches Manifest" oder „Eisen und Blut"), die auf einem Plakat notiert werden.

 Expertenrunde

Jeder Schüler trifft sich in einer Expertengruppe, die durch einen Buchstaben auf der Rückseite des Textes festgelegt ist, und trägt in ca. fünf Minuten den Inhalt des Textes den anderen Experten vor. Die anderen Schüler machen sich Notizen zu den das Thema betreffenden Schlagwörtern und Personen. Auf ein Signal hin übernimmt der folgende Vortragende die Aufgabe, seinen Mitschülern seinen Inhalt zu vermitteln.
In einem abschließenden Klassengespräch werden offene Fragen geklärt.

 Rollenspiel

Jede Stammgruppe erarbeitet abschließend ein Rollenspiel, in dem die Schlagworte durch eine entsprechende Person ausformuliert werden (z. B.: Karlsbader Beschlüsse – Metternich, Kommunistisches Manifest – Marx, Eisen und Blut – Bismarck) und in einen inhaltlichen Zusammenhang gestellt werden. Dabei sollten die Textpassagen, die in wörtlicher Rede verfasst wurden, in das Rollenspiel eingearbeitet werden.

HITLERS HELFER

Ralf Dornbusch und Gudula Stamm

Klasse 10
6 Unterrichtsstunden

Diese Unterrichtseinheit hat sich in den letzten Jahren sehr bewährt. Die ZDF-Serie „Hitlers Helfer" ist vielen Schülern geläufig, der Zugang zu den Unterlagen ist vielseitig (Film, Literatur, Internet) und die Schüler arbeiten in weiten Teilen selbstständig. Als Abschluss und Sicherung der Inhalte der thematischen Einheit Faschismus bietet sich der Blick auf die Psychogramme von Hitlers Helfern und damit auf die Gesichter der Diktatur an.

Methodenkenntnisse

- Informationsbeschaffung
- Lesetechniken
- Präsentationstechniken

Materialliste

- „Hitlers Helfer" entweder als Videodokumentation oder als Textvorlage
- Anlage 1   Klassensatz
- Anlage 2   Klassensatz
- Anlage 3

Ziele

- Kenntnisse über den Nationalsozialismus vertiefen
- eine für die Verbrechen des NS verantwortliche Person analysieren

Planungsverlauf

 A   **Präsentationsvorbereitung**

Anlage 1: Arbeitshinweise

Die Schüler suchen sich einen Partner und wählen eine der Personen als Gegenstand der Präsentation aus. Für die Erarbeitung der Präsentation müssen mindestens drei Monate eingeplant werden. Während dieser Zeit sollten keine Hausaufgaben gegeben werden. Die Zeit wird für die Erarbeitung genutzt.

Die Präsentation folgt den Regeln der Präsentationsgrundlagen. Jede Gruppe erstellt einen Zeitplan, der jede Woche überprüft werden muss.

Als inhaltliche Orientierung erhält jeder Schüler eine Zeittafel zum Nationalsozialismus (Anlage 2).

B   **Präsentationen**

Pro Unterrichtsstunde (45 Minuten) sind zwei Präsentationen möglich. Jede Gruppe wird von den anderen Schülern beobachtet. Die Ergebnisse werden auf einem Beobachtungsbogen festgehalten (vgl. Grundlagen 3), den der Lehrer anschließend auswertet.

Anlage 3: Auswertung

STARS, IDOLE, VORBILDER

Susanne Rave

Klasse 8
8 Unterrichtsstunden

Viele Menschen orientieren sich an Vorbildern aus den verschiedensten Bereichen. Für Christen stehen dabei oft christliche Persönlichkeiten im Vordergrund, aus deren Verhalten sie Konsequenzen für ihr eigenes Leben ziehen. Eine ausführliche Besprechung von Sinn, Zweck und Wirkung von Vorbildern und christlichen Vorbildern im Vergleich zu Stars und Idolen z.B. aus Film und Musik muss sich selbstverständlich anschließen.

Zunächst steht die Informationsbeschaffung und die Präsentation im Vordergrund. In Gruppenarbeit beschäftigen sie sich mit den verschiedenen Biografien und bereiten eine Präsentation für die Lerngruppe vor, bei der sie sich die Informationen selbstständig besorgen müssen.

Ziel

- Biografien verschiedener christlicher Vorbilder kennen lernen

Materialliste

- Anlage 1   Klassensatz
- Plakate
- Stifte
- Video- und Audiokasetten (falls von den Schülern gewünscht)
- Folien

Planungsverlauf

 1. und 2. Stunde

Die Begriffe Star, Idol und Vorbild werden geklärt und anhand von Beispielen vertieft.

 3. Stunde

Die Schüler suchen sich eine christliche Persönlichkeit aus, deren Lebenslauf sie zusammenstellen möchten. Die Gruppen finden sich zusammen, stellen einen Zeitplan für die Erarbeitungsphase auf und organisieren ihre Arbeitsaufteilung.

 4. und 5. Stunde

Die Schüler arbeiten in ihren Gruppen zusammen.

 6. und 7. Stunde

Die einzelnen Gruppen präsentieren ihre Ergebnisse.

 8. Stunde

Gemeinsame Reflexion der Arbeits- und Präsentationsphase, Nachbesprechung der Inhalte.

Bewertungsbogen

Thema der Präsentation: _____

Namen: _____

Tischgruppe: _____

	Note	gut, weil ...	nicht so gut, weil ...
Inhalt			
Hilfsmittel			
Vortragstechnik			

Themenkatalog

Liebe Schülerinnen, liebe Schüler,

bitte lest zunächst alle Themenangebote sorgfältig durch, bevor ihr euch für ein Thema entscheidet. Überlegt euch auch, ob ihr ausreichend Informationen (Geschichtsbuch, Lexika, Zeitschriften etc.) zu eurem gewählten Thema sammeln könnt. Die Präsentation sollte aus einer Partnerleistung bestehen. Erst nach Rücksprache kann in Ausnahmefällen auch eine Kleingruppenarbeit zugelassen werden.

Bei der Bearbeitung der Themen greift bitte auf die vorhandenen Unterlagen zum Thema „Präsentation" zurück. Die Bewertung eures Vortrags mit Präsentation ergibt sich aus der Qualität des Inhalts (50 %), der Erstellung und des Einsatzes der Hilfsmittel (25 %) sowie euer Vortragstechnik (25 %).

Themen Ausgehendes Mittelalter–Beginn der Neuzeit

1. Christoph Kolumbus – Sein Leben, seine Entdeckungen
2. Galileo Galilei – Sein Leben, seine Entdeckungen
3. Der Hexenwahn – Die Jagd nach dem Teufel
4. Gewürze – Verfeinerung von Speisen und Handelsware
5. Inka, Maya und Azteken – Amerika, bevor Kolumbus kam
6. Cortez und Pizarro – Die Vernichtung der indianischen Kulturen durch die spanischen Eroberer
7. Dreieckshandel – Die Entwicklung der Sklaverei

Ausweichthemen China–Japan

1. Entstehung der chinesischen Kultur
2. Familie und Staat in China
3. Chinesische Philosophie
4. Japan, das Reich der aufgehenden Sonne

Ausweichthemen Jüdisches Leben

1. Regeln des jüdischen Lebens
2. Juden in Deutschland
3. Judenfeindschaft und Christentum

Achtung! Als Informationsgrundlage benutzt bitte zuerst in jedem Fall euer Geschichtsbuch. Erst nach einer intensiven Bearbeitung der Inhalte des Geschichtsbuches solltet ihr weitere Informationen zusammentragen.

Bitte diese Vorlagen von der CD-ROM ausdrucken.

Präsentation   Deutsche Geschichte des 19. Jahrhunderts 1

Rollenspiel

Grundlage

Manfred Mai: Deutsche Geschichte,
Beltz-Verlag, Weinheim und Basel, 1999.

Themen

1. Was ist des Deutschen Vaterland?
2. Wieder keine Revolution
3. Die Schlagbäume fallen
4. Die „soziale" Frage verlangt Antworten
5. Einigkeit und Recht und Freiheit
6. Durch Eisen und Blut zum Ziel

Vorgehensweise Einzelarbeit

- Erarbeitet euch mit der 5-Gang-Lesetechnik den vorliegenden Text.
- Klärt sämtliche unverständlichen Begriffe mit der Hilfe von Nachschlagewerken.
- Fasst den Text zusammen (Mind-Map, Schaubild, Network etc.).

Vorgehensweise Gruppenarbeit

- Trefft euch mit den Gruppenmitgliedern und tragt eure Textzusammen-fassung vor. Die anderen Gruppenmitglieder ergänzen oder korrigieren.
- Fasst die Erkenntnisse eures Themas in wenigen Schlagwörtern oder Schlagzeilen zusammen und notiert sie auf einem Plakat.
- Entwickelt aus den Erkenntnissen ein Rollenspiel, in dem jeder Schüler die Rolle einer zeitgenössischen und charakteristischen Person übernimmt.
- Präsentiert euer Rollenspiel in Gesprächsform und Handlungen. Ein Schüler spricht die Einleitung und stellt die Personen vor.

Viel Erfolg!

Hitlers Helfer

Joseph Goebbels	Baldur von Schirach	Joachim von Ribbentrop
Hermann Göring	Heinrich Himmler	Karl Dönitz
Rudolf Heß	Martin Bormann	Roland Freisler
Albert Speer	Adolf Eichmann	Josef Mengele

Vorbereitung:

Partner suchen (2er-, maximal 3er-Gruppe).
Eine der angegebenen Personen auswählen.
Text lesen und bearbeiten (5-Gang-Lesetechnik, Markieren/Strukturieren) bis spätestens _____. Achtung! Zusätzliche Informationen erst einholen, nachdem der Text komplett durchgearbeitet wurde.
Nach den bekannten Regeln einen Vortrag mit Präsentation vorbereiten.

Präsentation:

Dauer ca. 15 Minuten.
Maximal ein Plakat und eine Folie.
Jeder Schüler, jede Schülerin muss vortragen
Die Klasse bewertet die Präsentation (50 % Inhalt, 25 % Medien und Einsatz sowie 25 % Vortragstechnik).

Anregungen für Gliederung und Präsentationsinhalte:

Biografie in drei Teilen (vor 1933, 1933–45 und nach 1945).
Wie hat die Person Hitler und seine Diktatur unterstützt? Was war seine Aufgabe?
Warum hat er sich Hitler angeschlossen? Was waren seine Motive?
Wann und woran hätte er sein Unrecht erkennen können? Wie hätte er „aussteigen können"?
Welche Schuld trifft die Person? Wann und wie hat er bereut und wie hat er seine Schuld gesühnt?
Wie beurteilst du selbst diese Person?

Jeder Schüler erhält von der Gruppe ein Hand-out (evtl. Folie), auf dem alle wichtigen Informationen vermerkt sind.

Auswertung der Beobachtungsbögen

Zeittafel Nationalsozialismus

20.4.1889	Adolf Hitler wird in Braunau (Österreich) geboren.
1905	Hitler verlässt wegen unbefriedigender Leistungen die Realschule nach vier Jahren.
1907–13	Nach zweimaligem Scheitern bei der Aufnahme in die Kunstakademie lebt Hitler beruflos in Wien.
1914	Hitler wird als Kriegsfreiwilliger Meldegänger an der Westfront.
1918	Lazarettaufenthalt in Pommern wegen vorübergehender Erblindung (Gas), anschließend wieder Soldat in München.
24.2.1920	Bekanntgabe des 25-Punkte-Programms der NSDAP.
31.3.1920	Entlassung Hitlers aus der Reichswehr.
29.7.1921	Hitler wird zum Vorsitzenden der NSDAP gewählt.
8.11.1923	„Hitler-Putsch" in München. Putschversuch misslingt. NSDAP wird verboten.
1.4.1924	Hitler wird zu 5 Jahren Festungshaft in Landsberg verurteilt. Hitler schreibt während der Haft den ersten Band von „Mein Kampf"
20.12.1924	Vorzeitige Entlassung Hitlers aus der Haft.
26.2.1925	Neugründung der NSDAP.
1925	Zweijähriges Redeverbot für Hitler. Er nimmt seine Reden auf Schallplatte auf.
1929	Der NSDAP gelingt der Durchbruch zur Massenpartei.
25.2.1932	Hitler wird durch seine Ernennung zum Regierungsrat der braunschweigischen Gesandtschaft deutscher Staatsbürger.
10.4.1932	Hitler erhält bei der Reichspräsidentenwahl 36,8 % der Stimmen. Hindenburg wird mit 53 % wiedergewählt.
30.1.1933	Adolf Hitler wird von Reichspräsident Hindenburg zum Reichskanzler ernannt.
27.2.1933	Der Kommunist Marinus van der Lubbe setzt den Reichstag in Brand. Er wird noch am Tatort festgenommen.
28.2.1933	„Reichstagsbrandverordnung": Grundrechte werden außer Kraft gesetzt. Beginn der willkürlichen Verhaftungen von SPD- und KPD-Funktionären.
5.3.1933	Trotz NS-Terror im Wahlkampf und verfassungswidriger Behinderung erreicht die NSDAP nur 43,9 % der Stimmen.
21.3.1933	„Tag von Potsdam": Hitler und Hindenburg eröffnen den Reichstag in der Garnisonskirche von Potsdam.
23.3.1933	„Ermächtigungsgesetz": In erzwungener Abwesenheit von KPD und SPD stimmen 2/3 der Abgeordneten dafür, dass die Reichsregierung Gesetze verfassungsändernden Inhalts erlassen kann.
31.3.1933	Gleichschaltung der Länder mit dem Reich. Länderparlamente sind aufgelöst. Ergebnis der Reichstagswahlen neu zu bilden.
4.4.1933	„Arierparagraph": Juden werden vom Beamtenbund ausgeschlossen.
1.5.1933	Als „Tag der nationalen Arbeit" erstmals gesetzlicher Feiertag.
2.5.1933	Zerschlagung der Gewerkschaften. Zwangseingliederung der Mitglieder in die Deutsche Arbeitsfront (DAF).

Bitte diese Vorlagen von der CD-ROM ausdrucken.

Bitte diese Vorlagen von der CD-ROM ausdrucken.

Auswertung der Beobachtungsbögen

Thema: _____

Gruppe: _____

Inhalt

	+	+-	-
Einstieg			
Aufbau			
Verständnis			
Prägnanz			
Schluss			
Fachbegriffe			
Länge			

Hilfsmittel

	+	+-	-
Lesbarkeit Plakat/Hilfsmittel			
Plakat/Folie/Film			
Gegenstände			
Musik			
Material allgemein			

Vortragstechnik

	+	+-	-
Deutlich gesprochen			
Vollständige Sätze			
Lautstärke			
Frei gesprochen			
Augenkontakt zum Publikum			
Körperhaltung			

Christliche Vorbilder

„Vorbilder können dich ein Leben lang begleiten, du kannst mit ihnen sympathisieren und ihre Werte übernehmen, manchmal ist es auch nötig, dich von ihnen abzugrenzen. Sie haben Einfluss auf deinen Lebenslauf und helfen dir bei der Orientierungssuche, wenn du dies möchtest."

Aufgabe

Ihr sollt die Biografie einer christlichen Person, die für euch Vorbild sein könnte oder ist, erarbeiten. Diese Person sollt ihr am Ende eurer Arbeitsphase der Lerngruppe vorstellen. Besondere Stärken und Schwächen sind dabei genauso wichtig wie Taten und biografische Daten. Die Wahl der Medien (z. B.: Plakat, Zeitung, Video) ist euch freigestellt. Dabei solltet ihr in der Planungsphase berücksichtigen, was für euch realisierbar ist.

Macht bei eurer Präsentation vor allem deutlich, warum ihr diese Person und keine andere ausgewählt habt, warum sie für euch Vorbild ist oder sein könnte. Welche konkreten Auswirkungen hat sie auf euer Leben oder könnte sie später haben.

Ihr könnt entweder eine Person von diesem Arbeitsblatt auswählen oder euch selbst eine christliche Persönlichkeit suchen.

Martin Luther King
Pastor/in unserer Gemeinde
Dietrich Bonhoeffer
Hans und Sophie Scholl
unser/e Jugendreferent/in
Hildegard von Bingen
Mutter Theresa
Organist/in unserer Gemeinde
Leiter/in des Kindergottesdienstes oder der Jungschar
Elsa Brändström
eine christliche Person des öffentlichen Lebens (z.B.: aus Sport, Musik, Politik)

PROJEKT-ARBEIT

Der Begriff Projekt taucht im Unterricht immer wieder auf. Jeder Schüler scheint zu wissen, was das ist. Viele Projektergebnisse verdeutlichen jedoch, dass weniger ziel- als vielmehr prozessorientiert gearbeitet wird. „Sie haben doch gesehen, dass ich die ganze Zeit wie verrückt gearbeitet habe, wie können sie mir dann keine gute Note geben wollen?"
Irrtümlicherweise glauben viele Schüler, dass der Erfolg eines Unterrichtsprojekts an der Quantität der geleisteten Arbeit gemessen wird. Gerade deshalb muss zu Beginn eines Projekts ein klares Ziel formuliert werden, das allen Schülern bekannt ist, gemeinsam angestrebt wird und in den Auswirkungen sinnlich erfahrbar ist. Zu jedem Projekt gehört eine Planung, die zeitliche Vorgaben und Meilensteine beinhaltet, über deren jeweiliges Erreichen es Rechenschaft abzulegen gilt. Ebenso müssen genaue Kriterien für eine spätere Bewertung der Ergebnisse festgelegt werden.
Schüler müssen also konkrete Ziele formulieren, Aufgabenverteilungen planen, Absprachen zu Aufgaben und Zeit einhalten, evtl. sogar Kosten kalkulieren.

Das Ziel ist Richtschnur und Maßstab für alle Projektaktivitäten!

Projektarbeit setzt voraus, dass hinreichende Lernkompetenzen wie Nachschlagen, Informationsbeschaffung, Markieren/Strukturieren, Lesetechniken, das Anfertigen und Verwerten von Notizen neben der Beherrschung der jeweiligen Fachmethodik unabdingbar sind. Damit erhält die Projektarbeit neben der zielgerichteten Produktorientierung ein zusätzliches Gewicht. Die Schüler zeigen, ob sie die geforderte Lernkompetenz besitzen.
Für den Lehrer ist es natürlich sinnvoll, sich vorab mit dem Thema Projektmanagement vertraut zu machen und ebenfalls eine konkrete Zeitplanung vorzunehmen.

Klasse	Methode/Einsatz	Inhalt	Fach
7	Videofilmproduktion auf der Grundlage einer Textquelle	Königswahl im Mittelalter	Geschichte
9	Vortragsreihe zur Geschichte eines außereuropäischen Landes	Geschichte der USA	Geschichte
10	Liedanalyse, PowerPoint-Präsentation	Protestsongs der 60er, 70er und 80er Jahre im historischen Kontext	Sozialkunde, Geschichte
6–10	Museumsbesuch	Deutsche Geschichte von 1945 bis heute	Geschichte
9	Projektplanung und -durchführung	Schöpfung	Religion

KÖNIGSWAHL IM MITTELALTER

Ralf Dornbusch

Klasse 7
9 Unterrichtsstunden

Im Rahmen der Einheit Europäisches Mittelalter hat sich gezeigt, dass aufgrund der starken Textlastigkeit sich sehr schnell eine Geschichtsmüdigkeit einstellt, die sich nicht nur auf den weiteren Verlauf des Unterrichts im 7. Schuljahr extrem negativ auswirkt, sondern auch ganz allgemein auf das Fach Geschichte.

Da im Curriculum der Realschule Enger der Baustein Projektarbeit erst für die 9. Klasse vorgesehen ist, sind die Schüler nicht in die Grundlagen der Projektarbeit eingeführt. Dennoch kann an dem vorliegenden Beispiel aufgezeigt werden, wie einzelne Bausteine zur Förderung der Lernkompetenz in einem projektorientierten Vorgehen vertieft werden können.

Der schulinterne Lehrplan sieht für das Thema Mittelalter die intensive Auseinandersetzung mit Textquellen (s. auch das Kapitel „Lesetechniken") und die Arbeit mit Nachschlagewerken (s. auch das Kapitel „Nachschlagewerke") vor. Daher bietet sich in diesem ausgewählten Fall eine videogestützte Visualisierung eines mittelalterlichen Textes an.

Die Unterrichtseinheit ist für insgesamt neun Unterrichtsstunden (plus Hausaufgaben) geplant. Das Ergebnis, die Videoaufführung, gestaltet sich je nach Gewichtung der einzelnen Projektschritte mehr oder weniger umfangreich.

Der vorliegende Quellentext, der in nahezu jedem Geschichtslehrwerk zu finden ist, beschreibt den Verlauf der Königswahl im Jahr 936. Der Verfasser ist Widukind von Corvey, ein mittelalterlicher Chronist.

Da sich die projektorientierte Videoaufzeichnung am Unterrichtsstand einer 7. Klasse orientiert, muss die detaillierte Betrachtung wichtiger Punkte außer Acht gelassen werden. In einer höheren Klassenstufe oder in einem Oberstufenkurs sollte man in jedem Fall ergänzende und vertiefende Quellen zu Rate ziehen.

Ziele

- Quellentext kritisch hinterfragen
- Textvorlage in Regieanweisungen umwandeln
- zielorientierte Schritte der Projektarbeit kennen lernen
- Projektverlauf kritisch beobachten und ggf. Fehler korrigieren

Materialliste

Anlage 1	Klassensatz
Anlage 2	Klassensatz
Anlage 3	Je Schüler ein Arbeitsblatt, je Arbeitsblatt eine Folie
Anlage 4	Folie für den Lehrer
Anlage 5	Folie für den Lehrer
Anlage 6	Klassensatz

Planungsverlauf

A   **Projektplanung**

Anlage 1: Projektplanung

Die Schüler erhalten je ein Arbeitsblatt zum Thema. Anhand des Blattes werden die einzelnen Schritte des Projekts besprochen. Der Zeitrahmen wird abgesteckt, einzuhaltende Termine für die Projektabschnitte werden vereinbart. Das Ziel ist bereits formuliert. Die Schüler werden darüber informiert, dass der Quellentext zunächst in Einzelarbeit, die Umarbeitung der Textabschnitte in Kleingruppen sowie die Proben und die Aufführung dann mit der gesamten Klasse durchgeführt werden.

Die Teilziele müssen natürlich gemeinsam formuliert werden. Mögliche Nennungen wären:

- Textquelle verstehen
- Drehbuch fertig stellen
- Proben erfolgreich abschließen

B   Textarbeit

Anlage 2: Königswahl im Mittelalter

Mittels der 5-Gang-Lesetechnik wird der Text erarbeitet. Nach der Erarbeitungsphase werden einzelne Schüler aufgefordert, den Text anhand ihrer schriftlichen Notizen (z. B. Mind-Map) mit eigenen Worten zu wiederholen.

C   Quellenkritik

Mit dem Arbeitsblatt „Der Deutsche Bauernkrieg 1" (vgl. Kapitel Lesetechniken) wird die Textquelle zur Königswahl im Mittelalter kritisch untersucht. Punkt 5 muss ausführlich bearbeitet werden, da für die Videoaufzeichnung Mentalitäten, Standesdenken, Gestik, Kleidung, Räumlichkeiten usw. des Mittelalters berücksichtigt werden müssen.

An dieser Stelle sollte der äußere Rahmen der Videoaufnahme festgelegt werden.

D   Äußerer Rahmen

Anlage 3: Arbeitsblätter für Kleingruppenarbeit

Die Klasse wird in vier Zufallsgruppen eingeteilt. Jeder Schüler erhält ein

Arbeitsblatt zu den vorliegenden Themen. Die gesuchten Informationen findet er im Lehrbuch oder in zusätzlich ausgelegten Nachschlagewerken (Lexika, andere Lehrbücher). Nach einer kurzen Einzelarbeitsphase treffen sich die Gruppen, um ihre Ergebnisse auszutauschen. Ein Schüler trägt die Ergebnisse vor, die vom Lehrer auf einer Folie notiert werden.

- Drehort
- Exaktheit der räumlichen Darstellung der Pfalzkirche in Aachen und Ausschmückung der Räumlichkeiten
- Kleidung (Adel, Geistlichkeit, „Volk")
- Nahrung während der Feierlichkeiten
- Insignien (Herrschaftszeichen)

Da der Text in zehn Abschnitte unterteilt werden kann, sollten sich Kleingruppen zu jeweils zwei oder drei Schülern zusammenfinden. Die Schüler übernehmen eine der ausgeschriebenen Rollen. Die der jeweiligen Person entsprechende Kleidung wird festgelegt, ebenso die Position.

Anlage 4: Gruppenfestlegung Königswahl im Mittelalter

Anlage 5: Rollenverteilung Königswahl im Mittelalter

E   **Drehbuch**

Anlage 6: Drehbuch

Jede Kleingruppe bearbeitet ihren Abschnitt und legt die Anzahl der Szenen und den Ablauf fest, z. B.:
Einstellung: Szene 4, 3. Einstellung, Totale von hinten auf den Altar
Handlung: Volk stimmt der Wahl zu
Personen: Volk
Text: lautstarke, freudige Rufe: „Heil!"
Requisite: Keine

Der fertige Drehbuchabschnitt wird vom Lehrer kontrolliert und gegebenenfalls mit Korrekturvorschlägen zur Überarbeitung zurückgegeben.
Das Drehbuch sollte zur nächsten Stunde jedem Schüler in gedruckter Form vorliegen, um den „Schauspielern" später das Lesen und Auswendiglernen zu vereinfachen.

Proben

Die Proben sollten so durchgeführt werden, dass jede Kleingruppe für ihren bearbeiteten Abschnitt die Regie übernimmt. Der Lehrer sollte die Rolle als Kameramann übernehmen und Probeaufnahmen machen. Bis die Abläufe sitzen, müssen mehere Stunden und Durchgänge eingeplant werden. Die Schüler müssen in jedem Fall zur Generalprobe ihre Kleidung und die entsprechenden Requisiten mitbringen.

 Videodreh

Um einen zügigen Videodreh zu gewährleisten, sollten die Aufnahmen den Charakter einer Theateraufführung erhalten, damit konzentriert gearbeitet wird. Nur im Notfall werden Szenen nachgedreht.

H **Vorführung und Auswertung**

Nach der Vorführung wird das Projekt ausgewertet. Dazu muss der Film ein weiteres Mal gezeigt werden. Es empfiehlt sich folgende Gewichtung der Bewertung:

Drehbuch	25 %
Umsetzung der Szene	25 %
Schauspielleistung	25 %
Gesamtbewertung des Films	25 %

Damit die Gesamtleistung des Projekts gewürdigt wird, sollte der Film selbstverständlich auch den Eltern an einem Elternabend vorgeführt werden.

Tipps:
Ein Videodreh ist immer eine aufwändige Angelegenheit, die ein gewisses Maß an Erfahrung mit dem Umgang einer Videokamera voraussetzt. Sollte diese Erfahrung nicht vorhanden sein, so empfiehlt sich die Königswahl im Mittelalter auch als fächerübergreifende, abendfüllende Aufführung der gesamten Klassenstufe.
Eine in ihrem Aufwand reduzierte Möglichkeit stellt die Form der Foto-Geschichte dar. Die einzelnen Schritte der Königswahl werden dabei in einem Bild zusammengefasst.

GESCHICHTE DER USA

Ralf Dornbusch

Klasse 9

Gegenwartsbezug im Unterricht herzustellen fällt nicht immer leicht. Eine historische Längsschnittuntersuchung mit dem Thema Geschichte der USA ist eine geeignete Plattform, den Schülern inhaltlich und methodisch entgegenzukommen, ihre Interessen zu berücksichtigen und insbesondere nach den Ursprüngen der von den USA stark beeinflussten Jugendkultur zu forschen.

Als Projekt angelegt bietet sich für eine Betrachtung der Geschichte der USA eine Vielfalt methodischer Herangehensweisen an. Die vorliegenden Unterlagen sind für eine Vortragsreihe einer gesamten Klassenstufe (Klasse 9) geplant, die an alle an Geschichte interessierten Schüler der Schule adressiert ist.

Dieses Vorhaben wird in der Aula an aufeinander folgenden Tagen regelmäßig während einer großen Pause durchgeführt. Mögliches Motto: Von Schülern für Schüler – Geschichte lebendig gemacht.

Nachdem in einem Brainstorming die Themenauswahl erfolgt ist, sollen sich die Schüler in Partnergruppen zunächst über den Rahmen des von ihnen zu bearbeitenden Themas klar werden, um anschließend die wichtigsten Daten zusammenzutragen und zur Überprüfung durch die Lehrkraft vorzulegen. Nach Rücksprache mit der Lehrkraft erfolgt dann die eigentliche Arbeit, die Ausarbeitung der Präsentation.

Ziele

- gezielt Informationen zu einem speziellen Thema sammeln
- Informationen für eine Präsentation auswählen
- Projektschritte planen und durchführen
- Präsentation in einer Veranstaltung vorführen

Materialliste

- Anlage 1   Klassensatz
- Anlage 2   Beispiel
- diverse Nachschlagewerke

- Anlage 3   Beobachtungsbögen

Planungsverlauf

A   Brainstorming

Alle Schüler des Jahrgangs treffen sich zu einem Brainstorming. Die Schüler nennen Themen, Stichworte, Personen, die ihnen zum Thema Geschichte der USA einfallen.
Die Lehrkräfte sammeln die Vorschläge und ordnen sie chronologisch. Anschließend wählen sich die Schüler mit einem Partner ein Thema aus.

Anlage 1: Themensammlung

B   Datensammlung

Zu einem vereinbarten Termin müssen von den Schülern zu ihrem Thema Datensammlungen vorliegen, die den inhaltlichen Rahmen für das zu behandelnde Thema bilden. Gemeinsam mit der Lehrkraft werden dann die Daten auf ihre Relevanz untersucht, um die inhaltliche Bearbeitung des Themas nicht ausufern zu lassen.

C   Planung

Folgende Fragen sollten vor Beginn der eigentlichen Arbeit geklärt sein:
- Was soll das Publikum erfahren?
- Wie ist meine Präsentation aufgebaut?
- Welche Hilfsmittel setze ich ein?
- Warum setze ich gerade diese Hilfsmittel ein?
- Was soll im Anschluss an die Präsentation beim Publikum „hängen" geblieben sein?

Anlage 2: Planungsbogen

Die Schüler sollen sich über die einzelnen Schritte der Projektplanung klar werden und einen genauen Zeitplan erstellen (s. auch „Präsentationstechniken").

D **Arbeit am Projekt**

Die Lehrkraft begleitet die Arbeit am Projekt und sichert durch Hinweise und Eingreifen bei nicht zielorientierter Arbeit das Erreichen des Projektziels.

Während die Schüler ihre Präsentationen erarbeiten, müssen die Lehrkräfte die Termine für die Vortragsreihe planen und koordinieren und die entsprechenden Bedingungen für einen reibungslosen Ablauf schaffen: Aula reservieren, Hilfsmaterial/Medien bereitstellen, Werbeflyer erstellen, evtl. Eintrittskarten vorbereiten, Aufsichtspersonal organisieren usw.

E **Präsentationen**

Das Publikum sollte im Anschluss an die Präsentation Möglichkeiten der Rückmeldung haben. Beobachtungsbögen (s. Anlage im Kapitel „Präsentation") müssen bereitliegen und werden im Anschluss an die Präsentation eingesammelt (Briefkasten für Lob und Kritik) und fließen mit in die Note ein.

MAHNUNG UND PROTEST – SONGS AUS DER ZEIT DES KALTEN KRIEGES

Ralf Dornbusch

Klasse 10
8 – 10 Unterrichtsstunden

Dieses fächerübergreifende Projekt ist als Abschluss einer Unterrichtseinheit zum Thema Weltkonflikte nach 1945 angelegt. Es könnte aber auch genauso gut als Einstieg dienen. Das Projekt richtet sich in erster Linie an musikbegeisterte Lehrkräfte, die Zugriff zumindest auf einen Teil der gesammelten Songvorschläge haben.

Die Schüler müssen zeigen, dass sie die Lernkompetenz besitzen, englischsprachige Texte bezüglich ihres Inhalts und ihrer Bedeutung im entsprechenden historischen Kontext zu analysieren. Die Ergebnisse der Untersuchung müssen im Anschluss präsentiert werden.

Lieder spielen im (all)täglichen Geschichts- und Sozialkundeunterricht eine eher marginale Rolle. Zumeist werden sie von Schülern als „altmodisch" und „lächerlich" abqualifiziert, weil sie den aktuellen Hörgewohnheiten nicht entsprechen. Dabei bietet sich gerade im Sinne fächerübergreifenden Unterrichts und des Bemühens um einen lebendigeren Zugang zu Geschichte die Auseinandersetzung mit Liedern an. Die Verbindung von Text und Musik hat einen besonderen Reiz, „ihr emotionaler Gehalt und ihre Wirkung können von Schülerinnen und Schülern wesentlich leichter nachvollzogen werden".

Die Auswahl der englisch-sprachigen Songs aus der Zeit des Kalten Krieges ist rein subjektiv. Die Aussagen sind nicht einheitlich; doch immer geht es um Kritik an bestehenden politischen Verhältnissen oder zumindest um eine mögliche bessere Welt. Die inhaltliche Spannbreite reicht von der Vermittlung von Hippie-Idealen (San Francisco, San Franciscan Nights, Aquarius/ Let The Sunshine In und natürlich Imagine) über die konkrete Anklage einzelner Personen (Masters Of War, Russians) bis hin zur Nennung historischer Ereignisse (Ohio, Eve of Destruction, Leningrad). Der Schwierigkeitsgrad hinsichtlich der inhaltlichen Komplexität und der fremdsprachlichen Anforderungen ist markiert: ***** = sehr anspruchsvoll (Sekundarstufe II) bis * = wenig anspruchsvoll (Sekundarstufe I). Folgende Songs könnten verwendet werden. Als Anlage liegen die ersten zehn Songtexte vor. Auf diversen Homepages von Fans lassen sich die Texte unter www.google.com finden.

Interpret/Gruppe	Titel	Inhalt	Sprache
Bob Dylan	With God On Our Side	***	****
Barry McGuire	Eve Of Destruction	***	****
Marvin Gaye	Abraham, Martin And John	***	*
Edwin Starr	War	**	**
Sting	Russians	**	***
Billy Joel	Leningrad	***	***
Bob Dylan	Masters Of War	****	***
Little Steven	Checkpoint Charlie	***	**
The Jam	Little Boy Soldiers	****	****
Billy Joel	Goodnight Saigon	****	***

Interpret/Gruppe	Titel	Inhalt	Sprache
Donovan	Universal Soldier	****	***
Bruce Springsteen	Chimes Of Freedom	*****	*****
Billy Joel	We Didn't Start The Fire	****	***
The Beatles	Revolution	***	***
John Lennon	Imagine	***	**
John Lennon	Power To The People	*	**
Bruce Springsteen	Born In The U.S.A.	***	***
Fischer Z	Cruise Missiles	***	***
John Lennon	Working Class Hero	**	****
Bob Dylan	The Times They Are A Changing	****	***
Rolling Stones	Street Fighting Man	***	***
Rolling Stones	Sympathy For The Devil	*****	****
Eric Burdon & The Animals	San Franciscan Nights	***	***
Scott McKenzie	San Francisco	***	**
Buffalo Springfield	For What It's Worth	****	***
Crosby, Stills, Nash & Young	Ohio	*****	***
The 5th Dimension	Aquarius/Let The Sunshine In	***	***
Matthew Southern Comfort	Woodstock	***	***
The Clash	The Call Up	***	***
Jimmy Cliff	Vietnam	***	***
The Beatles	All You Need Is Love	***	***
Crosby, Stills, Nash & Young	Teach Your Children	****	**
Cat Stevens	Where Do The Children Play	***	***
Cat Stevens	I Want To Live In A Wigwam	****	***
The Clash	Washington Bullets	****	***
Warren Zevon	Roland The Headless Thompson Gunner	*****	*****
Dire Straits	Ride Across The River	***	***

Ziele

- Quellentexte inhaltlich erschließen
- Liedanalyse betreiben
- Songs in ihren historischen Kontext stellen
- Ziele der Jugendkultur nach dem Zweiten Weltkrieg ermitteln, kritisch hinterfragen und darstellen
- Power-Point-Präsentation erstellen

Materialliste

- Anlage 1   Klassensatz
- Anlage 2   Klassensatz
- Anlage 3   Klassensatz
- diverse Nachschlagewerke
- Möglichkeiten der Internetrecherche
- pro Partnergruppe jeweils ein Computerarbeitsplatz
- Microsoft Power-Point oder ähnliches Präsentationsprogramm

Planungsverlauf

 Projektplanung

Im ersten Schritt wird das Projekt von der Lehrkraft vorgestellt. Die Projekt-schritte werden geklärt, Zeitabsprachen getroffen und die Lieder angespielt. Die Schüler finden sich in Kleingruppen zusammen und wählen ein Lied aus, das sie sowohl sprachlich als auch inhaltlich bearbeiten wollen. Nach einer gemeinsamen Zeitplanung können im Anschluss einzelne Aufgaben (Übersetzung, Informationsbeschaffung usw.) untereinander aufgeteilt wer-den.

Anlage 1: Projektplanung

 Arbeit am Projekt

Anlage 2: Quellenarbeit (Lied als Quelle)

Das Übersetzen der englischsprachigen Texte kann im Fremdsprachen-unterricht erfolgen, die Musikanalyse im Musikunterricht. Ansonsten muss gewährleistet sein, dass alle Schüler Zugang zum Internet haben, um sich Informationen über die jeweiligen Interpreten zu beschaffen. Der histo-rische Kontext kann mit herkömmlichen Nachschlagewerken erschlossen werden.
Die Fragen des Arbeitsblattes dienen als Leitfaden zur Erschließung der in-haltlichen Komponenten. Die inhaltliche Ausgestaltung ist abhängig vom Zeitvolumen und von den Möglichkeiten, sich Informationen über Interpret, Gruppe, Musikstil usw. beschaffen zu können. Als Mindestanforderung soll-ten folgende Teilziele erreicht werden:

- Textübersetzung
- inhaltliche Interpretation
- Biografie des/der Interpreten
- Musikanalyse
- Bezug zum historischen Kontext herstellen und erläutern
- Quellenangaben

Die einzelnen Ziele sollten jeweils auf einer Seite einer Power-Point-Präsentation dargestellt werden. Die Arbeit mit dem Programm ist relativ leicht. Auch ungeübte Schüler und Lehrer finden einen schnellen Zugang.

Arbeitsschritte:
- Power-Point öffnen
- Datei neu erstellen (Menü – Datei – neu)
- Autoinhaltsassistenten folgen oder Präsentation selbst erstellen
- Bilder und Texte können beliebig eingefügt und entfernt werden
- Datei speichern
- Design kann jederzeit verändert werden
- Animation festlegen und ändern (Menü – Bildschirmpräsentation – Benutzerdefinierte Animation)

 C   **Präsentation**

Die Schüler richten ihre Präsentationen ein. An jedem Computerarbeitsplatz stehen der Song, ein Kopfhörer und die jeweilige Power-Point-Präsentation zur Verfügung.
In einer musealen Präsentation können die Schüler sich die verschiedenen Arbeiten ihrer Mitschüler ansehen und -hören. Jeder Schüler sollte mindestens fünf Präsentationen gesehen und ausgewertet haben.

Die Form und Organisation der Präsentation richtet sich nach den Möglichkeiten der Schule.

Tipps:
Sollten die technischen Möglichkeiten nicht vorhanden sein, so kann der Song auch in einer kleinen Mappe präsentiert werden. Da fast jeder Schüler im Besitz eines CD-Walkmans ist, der mitgebracht werden muss, kann die Präsentation auch ohne Computer mit den vorliegenden Mappen erfolgen.

MUSEUMSTAG

Ralf Dornbusch

Klasse 10
ca. 16 Unterrichtsstunden

Seit drei Jahren führen wir an der Realschule Enger einen Museumstag durch, der alle Schüler der Schule an einem Tag in ein Museum führt, das thematisch eng mit den Inhalten des Geschichtsunterrichts korrespondiert (Anlage 1). Da zeitgleich für die neunten Klassen Studienfahrten anstehen und die fünften Klassen ihren Wandertag durchführen, ist somit die gesamte Schule „unterwegs". Die Organisatoren des Museumstages sind dadurch erheblich entlastet. Die didaktische Sinnhaftigkeit eines solchen Tages muss an dieser Stelle nicht verdeutlicht werden (vgl. dazu: Parigger, H. [Hrsg.]: Die Fundgrube für den Geschichts-Unterricht. 3. Aufl., Cornelsen Scriptor, Berlin 2002, S. 315 ff.). Der Lernerfolg ist umso größer, je gründlicher ein Museumsbesuch inhaltlich (und pädagogisch) vorbereitet wurde. Die Vorarbeiten müssen entsprechend u. a. didaktische Anleitung, thematische Beschränkung, pädagogische Motivation umfassen.

Durch die geografisch bedingte Auswahl der Museen wird im Folgenden der Unterrichtsverlauf nur grob skizziert. Das Projekt bezieht sich auf die Planung, Durchführung und Auswertung des Museumstages für die zehnten Klassen im Haus der Geschichte der Bundesrepublik Deutschland, Museumsmeile, Adenauerallee 250, 53113 Bonn.

Um die erfolgreiche Durchführung eines solchen Projekts zu gewährleisten, muss der Unterricht in einer Doppelstunde (90 Minuten) durchgeführt werden, da der organisatorische Aufwand relativ hoch ist (Bereitstellen von Nachschlagewerken, Freischalten des Internets, Videovorführungen ermöglichen). Hilfreich ist es zudem, wenn der Geschichtsunterricht der zehnten Klassen parallel liegt, so dass die beteiligten Kollegen im Team arbeiten können.

Das Projekt sollte mindestens sieben Wochen vor dem Besuch des Museums beginnen, so dass jeder Schüler theoretisch pro Begriff 15 Minuten reine Arbeitszeit in der Schule zur Verfügung hätte. Nach dem Besuch im Museum stehen dann abschließend noch einmal zwei Unterrichtsstunden zur Korrektur der Mappe zur Verfügung.

Materialliste

- Anlage 2   Klassensatz
- Anlage 3   je nach Bedarf
- Anlage 4   eine Folie
- Nachschlagewerke
- Internetzugang

Ziele

- selbstständige Erarbeitung und Dokumentation fachlicher Inhalte
- sicherer Umgang mit dem Methodenkanon
- Vorlage einer Mappe zur deutschen Geschichte von 1945 bis heute

Planungsverlauf

 Einführung

Anlage 1: Ankündigung
Anlage 2: Arbeitsgrundlagen

Alle Schüler werden über den Ablauf des Projekts informiert:
- Die Politikmappe, in der alle Informationen und Arbeitsblätter der bisher gelernten Methoden enthalten sind, ist mitzubringen.
- Alle 50 Begriffe müssen in geplanter Vorgehensweise (Projekt- und Zeitplanung) bearbeitet werden.
- Die Abschnittsüberschriften verweisen auf die fünf Ausstellungsstationen im Museum und geben eine zeitliche Orientierungshilfe.
- Die Sozialform muss gleich gewichtet sein (Einzelarbeit hat Vorrang vor Partner- oder Gruppenarbeit).
- Alle Quellen müssen unbedingt angegeben werden (Autor, Buchtitel/EDV-Medium/Internetadresse, Jahr).
- Für jeden Begriff muss mindestens ein Blatt Papier verwendet werden.
- Am Ende der Unterrichtsstunde werden alle im Verlauf der vergangenen Woche angefertigten Arbeitsergebnisse in einer persönlichen Mappe abgeheftet.
- Visualisierungen sollten vielfältig genutzt werden (Zeitleisten, verschiedene Diagramme).

- Verschiedene Formen der Dokumentation nutzen (Quellenanalyse, Brief, Reportage usw.).
- Das DIN-A5-Arbeitsblatt ist gleichzeitig Rechenschaft und Selbstkontrolle und wird als Deckblatt für die erarbeiteten Begriffe jede Woche abgeheftet.

Die insgesamt zur Verfügung stehenden Unterrichtsstunden werden bekannt gegeben, damit sich die Schüler einen Zeitplan erstellen können.

Anlage 3: Deutsche Geschichte 1945 bis heute

Alle Schüler erhalten das dreiseitige Arbeitsblatt mit den 50 Begriffen zur deutschen Geschichte. Um sich einen ersten Überblick zu verschaffen, werden die Begriffe in einer Projektstartphase zeitlich sowie inhaltlich einem der beiden deutschen Staaten zugeordnet. Grundlage dafür sollte das Geschichtsbuch sein.

B Arbeitsphasen

Zu Beginn einer jeden Arbeitsphase müssen alle Unterlagen und Nachschlagewerke wieder zur Verfügung gestellt werden. Falls Videos zu bestimmten Themen gezeigt oder Reden vorgespielt werden, müssen die Schüler über Ort und Uhrzeit informiert werden.

Die Schüler erhalten ihre Mappen zu Beginn einer jeden Arbeitsphase wieder ausgehändigt, damit sie sich über die schriftlichen Anmerkungen der Lehrkraft informieren und ggf. inhaltliche und strukturelle Fehler korrigieren können.

Da die Lehrkraft während der Arbeitsphasen der Schüler stark entlastet ist, kann sie sich ein Bild über die Arbeitsweisen und den gezielten oder zufälligen Einsatz von Lern- und Arbeitsmethoden verschaffen.

Es sollten pro Doppelstunde mindestens fünf Begriffe inhaltlich erschlossen und schriftlich auf einer halben Seite erarbeitet werden.

C Museumsbesuch

Für den Besuch im Museum werden allen Schülern ihre Mappen ausgehändigt. Anhand der Exponate und der Begleittexte können die Schüler ihre Erarbeitungen überprüfen und sich gegebenenfalls Notizen zu einer möglichen Verbesserung oder Veränderung machen. Für den Besuch müssen mindestens drei Stunden zur Verfügung stehen. Da die Ausstellungsbündelung der Exponate bereits auf den Arbeitsblättern vorgenommen ist, finden die Schüler im „Haus der Deutschen Geschichte" sehr schnell das, was sie suchen und vertiefen wollen.

 D   **Auswertung**

Anlage 4: Auswertung

Die im Museum gewonnenen Eindrücke werden in einer abschließenden Doppelstunde ausgetauscht und in die Mappe eingearbeitet.
Die Mappe muss abschließend dokumentieren, wie sicher die Schüler Methoden und Arbeitstechniken beherrschen und einsetzen, ob sie sich selbstständig Informationen beschaffen und diese auch verarbeiten können und wie effektiv sie mit anderen Schülern gemeinsam arbeiten.

SCHÖPFUNG

Susanne Rave

Klasse 9
8 Unterrichtsstunden

Projektplanung zum Thema Schöpfung erscheint zunächst als ein weit hergeholtes Unternehmen. Wäre es doch einfach, die Berichte in der Bibel nachzulesen und sie als alte Geschichten abzuheften. Doch diese Berichte sind heute noch sinnvoll, wenn man ihre Entstehung betrachtet und sich dazu verdeutlicht, wie oft in den letzten 3000 Jahren das Weltbild der Menschheit revidiert wurde. Eine ausreichende Betrachtung der einzelnen Entwicklungsstufen, von dem Schöpfungsglauben damals bis heute nur möglich, würde allerdings die zeitlichen Grenzen des Religionsunterrichtes sprengen. In der Jahrgangsstufe 9 haben sich die Schüler bereits einmal mit einem großen Projekt (Sozialpraktikum) beschäftigt. Dies eröffnet die Möglichkeit, ihre Kenntnis zur Planung eines Projektes, in dem alle Schüler verschiedene inhaltliche Aspekte der Weltentstehung zusammentragen, zu nutzen.

Die einzelnen Arbeitsgruppen bekommen unter der vorgegeben Fragestellung eine wichtige Epoche des Weltgeschehens zugeteilt und haben dann die Aufgabe, alle weiteren Schritte selbstständig zu planen. Sie müssen unter Berücksichtigung des Zeitlimits für ihre eigene Arbeitsgruppe eine Zeitplanung machen. Bei ihrer Informationsbeschaffung werden sie auf Lesetechniken, Markieren/Strukturieren, Mind-Mapping und Nachschlagewerke nicht verzichten können. Sie können ihre Präsentationstechniken anwenden, verfeinern und vertiefen.

Ziel

- Durch Vergleich verschiedener epochal geprägter Weltbilder und biblischer Texte erkennen, dass die Auffassung von Schöpfung immer eine Spiegelung des Zeitgeistes ist
- dass unter dieser Voraussetzung die Schöpfungsberichte der Bibel durchaus sinnvoll und glaubwürdig sind
- dass die Schöpfungsberichte das Weltbild ihrer Entstehungszeit spiegeln verbunden mit einem tiefen Vertrauen auf und Glauben an Gott

Materialliste

- Anlage 1   Klassensatz
- Plakate, Stifte, Folien für die Präsentationen
- Internetzugang zur Materialbeschaffung
- diverse Lexika
- Bibeln   Klassensatz

Planungsverlauf

1. Stunde

 A   **Vorstellen des Unterrichtsvorhabens**

Der Lerngruppe wird das Thema der Projektreihe mit den Leitfragen vorgestellt: Wie sind die Schöpfungsberichte der Bibel für uns heute zu verstehen? Welche Widersprüche und Parallelen finden wir zum Weltbild in verschiedenen zeitlichen Epochen? Welche Bedeutung können die Berichte für uns unter Berücksichtigung der Ergebnisse haben?

Besprechen der Zeitvorgaben

Die Lerngruppe wird auf ihre Kenntnisse zum Projektmanagement hingewiesen. Vorgegeben wird nur ein Zeitrahmen, indem der Präsentationstermin für die Ergebnisse festgelegt wird. Je nach Stundenplan sollten 2 – 3 Wochen für die Arbeit in den Projektgruppen veranschlagt werden.

2. – 4. Stunde

 je 45 Minuten Projektarbeit in Gruppen

5. – 7. Stunde

 je 45 Minuten Präsentation der Projektergebnisse

8. Stunde

 Reflexion der Projektphase

Im Unterrichtsgespräch wird gemeinsam über den Verlauf der Projektarbeit nachgedacht, Ziele und Ergebnisse werden reflektiert und Verbesserungsvorschläge für ein mögliches weiteres Projekt gesammelt.

Inhaltliche Reflexion

Gemeinsam – wenn möglich im Stuhlkreis – werden die inhaltlichen Aspekte des Projektes reflektiert. Die Glaubwürdigkeit der biblischen Schöpfungsberichte und ihre Bedeutung für den christlichen Glauben stehen dabei im Mittelpunkt. Die Visualisierungen der Projektgruppen dienen dabei als Gedächtnisstützen.

Bitte diese Vorlagen von der CD-ROM ausdrucken.

Projektarbeit | Königswahl im Mittelalter 1

Projekt Königswahl im Mittelalter

Ziel Produktion einer Videoaufzeichnung über die Königswahl im Mittelalter

Teilziele

Terminplan

Lesen der Textquelle (5-Gang-Lesetechnik) _____

Quellenkritik (Arbeitsblatt Textquelle) _____

Bearbeiten des Textabschnitts (in Gruppen) _____

Verfassen des Drehbuchabschnitts _____

Proben _____

Videoaufnahme _____

Vorführung _____

Projektarbeit | Königswahl im Mittelalter 2

Ein Zeitzeuge schildert
die Wahl und Krönung Ottos des Großen

„[Es] versammelten sich die Herzöge und die Ersten der Grafen mit der Schar der vornehmsten Ritter im Säulenhof, der mit der Basilika Karls des Großen verbunden ist, und sie setzten den neuen Herrscher auf einem hier aufgestellten Thronsessel; hier huldigten sie ihm, gelobten ihm Treue und versprachen ihm Hilfe gegen alle Feinde und machten ihn so nach ihrem Brauche zum König.

Während dies die Herzöge und die übrige Beamtenschaft taten, erwartete der Erzbischof Hildebert (von Mainz) mit der gesamten Priesterschaft und dem ganzen Volk innen in der Basilika den Aufzug des neuen Königs.

Als dieser eintrat, ging ihm der Erzbischof entgegen, berührte mit seiner Linken die Rechte des Königs, während er selbst in der Rechten den Krummstab trug ... und er schritt dann vor bis in die Mitte des Heiligtums, wo er stehen blieb. Dann zum Volke gewandt, das ringsumher stand – es waren nämlich in dieser Basilika Säulengänge unten und oben rundherum –, so dass er von allem Volk gesehen werden konnte, sprach er also: ,Sehet, hier bringe ich euch den von Gott erkorenen und einst vom großmächtigen Herrn Heinrich bestimmten, nun aber von allen Fürsten zum Könige gemachten Otto; wenn euch diese Wahl gefällt, so bezeugt dies, indem ihr die rechte Hand zum Himmel empor!' Darauf hob das alles Volk die Rechte in die Höhe und wünschte mit lautem Zuruf dem neuen Herrscher Heil.

Sodann schritt der Erzbischof mit dem Könige, der nach fränkischer Art mit anliegendem Gewande bekleidet war, hinter den Altar, auf dem die Abzeichen des Königs lagen, das Schwert mit dem Wehrgehenk, der Mantel mit den Spangen, der Stab mit dem Zepter und das Diadem. Dieser trat an den Altar, nahm hier das Schwert mit dem Wehrgehenk und sprach zum König gewendet: ,Empfange dieses Schwert und treibe aus mit ihm alle Widersacher Christi, die Heiden und schlechten Christen, da durch Gottes Willen alle Macht im ganzen Frankenreich dir übertragen ist, zum bleibenden Frieden aller Christen.' Sodann nahm er die Spangen und den Mantel und bekleidete ihn damit, indem er sagte: ,Die das auf den Boden herabreichenden Zipfel deines Gewandes mögen dich erinnern, von welchem Eifer im Glauben du entbrennen und in

Wahrung des Friedens beharren sollst bis in den Tod.' Darauf nahm er Zepter und Stab und sprach: ,Diese Abzeichen sollen dich ermahnen, mit väterlicher Zucht deine Untertanen zu leiten und vor allem den Dienern Gottes, den Witwen und Waisen die Hand des Erbarmens zu reichen; und niemals möge dein Haupt des Öls der Barmherzigkeit ermangeln, auf dass du in Gegenwart und in Zukunft mit ewigem Lohne gekrönt wirst.'

Darauf wurde er alsbald mit dem heiligen Öle gesalbt

... und dem goldenen Diadem gekrönt von den Bischöfen Hildebert und Wichfried [von Köln].

... und als die rechtmäßige Weihe vollzogen war, wurde er von ebendenselben Bischöfen zum Thron geführt, zu dem man auf einer Wendeltreppe hinanstieg, und der war zwischen zwei marmornen Säulen von wunderbarer Schönheit so errichtet, dass er von hier aus alle sehen und von allen wiederum gesehen werden konnte.

Nachdem man das ,Te deum laudamus' [Großer Gott, wir loben dich] gesungen und das Messopfer feierlich begangen hatte, stieg der König herab und ging in die Pfalz;

... hier trat er an die marmorne, mit königlicher Pracht geschmückte Tafel und setzte sich mit den Bischöfen und allem Volk; die Herzöge aber warteten auf. Der Herzog der Lothringer, Giselbert, zu dessen Machtbereich dieser Ort gehörte, ordnete die ganze Feier [als Kämmerer]; Eberhard [Herzog von Franken] besorgte [als Truchseß] den Tisch, Hermann der Franke führte [als Mundschenken], Arnulf [von Bayern] sorgte [als Marschall] für die ganze Ritterschaft und für die Wahl und Absteckung des Lagers.

Widukind von Corvey, Sachsengeschichte, Buch II, Kap. 1–2.
Lateinisch-deutsche Ausgabe, Darmstadt 1971, S. 67 ff.

Königswahl und Krönung verliefen so:
Wahl und Huldigung durch die Fürsten – Einzug in die Basilika – Begrüßung durch den Erzbischof von Mainz – Zustimmung des Volkes zur Wahl – Überreichung der „Reichsinsignien" – Salbung mit heiligem Öl – Krönung mit dem „Diadem" – Thronbesteigung des Königs – Messfeier – Krönungsmahlzeit

Zusammensetzung der Gruppen

1. Wahl und Huldigung durch die Fürsten _____

2. Einzug in die Basilika _____

3. Begrüßung durch den Erzbischof _____

4. Zustimmung des Volkes zur Wahl _____

5. Überreichung der Reichsinsignien _____

6. Salbung mit heiligem Öl _____

7. Krönung mit dem Diadem _____

8. Thronbesteigung des Königs _____

9. Messfeier _____

10. Krönungsmahlzeit _____

Kleidung

Um die Königswahl so getreu wie möglich nachzustellen, brauchen wir zusätzliche Informationen, die in der Quelle nicht aufgeführt sind.
Finde heraus, welche Kleidung die bei der Krönung anwesenden Personen vermutlich getragen haben. Du findest Abbildungen dazu im Geschichtsbuch.

Adel	Geistlichkeit	Volk (freie Bauern)

Königswahl im Mittelalter – Pfalzkapelle Aachen

Um die Königswahl so getreu wie möglich nachzustellen, brauchen wir zusätzliche Informationen, die in der Quelle nicht aufgeführt sind.
Finde heraus, wie der Krönungsort, die Pfalz Karls des Großen in Aachen, ausgesehen haben mag. Notiere **alle** wichtigen Details, die wir für die spätere Videoproduktion brauchen.

Basilika	Thron	Pfalz

Bitte diese Vorlagen von der CD-ROM ausdrucken.

KRÖNUNG OTTO I. IN AACHEN

Projektarbeit

Gruppe:

Szene:

Königswahl im Mittelalter 6

Einstellung	Handlung	Personen	Text	Requisite
	•			
	•			
	•			
	•			
	•			
	•			
	•			
	•			
	•			

Projektarbeit

Königswahl im Mittelalter 5

Personen

1 König Otto I.
2 Königin Edgitha

3 Erzbischof Hildebert von Mainz
4 Bischof Wichfrid von Köln
5 Abt von Herford
6 Priester
7 Priester

8 Herzog Eberhard von Franken (Truchsess)
9 Herzog Arnulf von Bayern (Marschall)
10 Herzog Giselbert von Lothringen (Kämmerer)
11 Herzog Hermann von Schwaben (Mundschenk)
12 Graf von Soest
13 Graf von Pödinghausen
14 Ritter von der Schalksburg
15 Ritter zu Belke-Steinbeck

16 Mundschenk
17 Mundschenk
18 Volk
19 Volk
20 Volk
21 Volk
22 Volk
23 Volk
24 Volk
25 Volk
26 Volk
27 Volk
28 Volk
29 Volk
30 Volk
31 Volk
32 Volk

Ein Geschichtsprojekt der _____

Ziel:

- Planung und Durchführung einer gemeinsamen Veranstaltung der ____ Klassen zur Geschichte der USA.

Projektschritte:

- Thema und Partner/in finden.
- Informationen sichten und sammeln (wo finde ich Informationen?).
- Informationen auswählen (welche Informationen sind wichtig?).
- Inhalt und Ablauf bestimmen (welche Informationen will ich innerhalb von 10 Minuten vermitteln?) und mit Lehrer/in abstimmen.
- Präsentationsverlauf planen und dokumentieren.
- Präsentationshilfsmittel und -medien erstellen/einfügen.
- Präsentation proben.
- Präsentation vorführen.

Termine:

- ____. Woche
- ____. Woche
- ____. Woche
- ____. Woche
- ____. Woche
- ____. Woche
- ____. Woche
- ____. Woche

Notizen:

USA – Themen

Themen	Schüler/Klasse
Entdeckung Amerikas	
George Washington	
Unabhängigkeitskrieg	
Sklaverei	
Abraham Lincoln	
Sezessionskrieg	
Indianer/Wilder Westen	
Architektur	
Hollywood	
Prohibition/Al Capone	
Rock'n'Roll/Elvis	
Coca-Cola	
Atombombe	
John F. Kennedy	
Vietnam	
Martin Luther King	
Malcolm X	
Flower Power/Hippies	
American Food	
American Sports	
Golfkrieg	
Rap/Hip Hop	
11. September	

Bitte diese Vorlagen von der CD-ROM ausdrucken.

Bitte diese Vorlagen von der CD-ROM ausdrucken.

Lieder

Historische Quellen sind Überreste der Vergangenheit. Diese Quellen existieren z. B. als historische Lieder. Auch aus ihnen kann man etwas über Geschichte lernen. Es gibt verschiedene Arten von Liedern, die als Quelle dienen können: Liebeslieder, Trauerlieder, Protestlieder, Nationalhymnen, Kampflieder usw.
Lieder müssen sowohl hinsichtlich ihres Textes als auch hinsichtlich der Musik untersucht werden.

Stufen der Quellenarbeit (Lied als Quelle)

1. **Welcher Gattung von Lied lässt sich das vorliegende zuordnen?**
   - *Klagelied* (Lieder, die das Leiden an sozialen oder politischen Verhältnissen ausdrücken, Lebensumstände werden beklagt)
   - *Protestlied* (Lieder, die Missstände anprangern und anklagen)
   - *Stimmungslied* (Lieder, die Stimmungen einer Zeit ausdrücken, die Begeisterung auslösen sollen)
   - *Propagandalied* (Lieder, die politisch beeinflussen sollen)
2. **Rekonstruktion der Entstehungs- und der Überlieferungsumstände**
   - Wie ist das Lied entstanden?
   - Wer hat das Lied geschrieben?
3. **Übersetzung der im Text verwendeten Wörter und der Symbolik**
   - Was bedeuten die verwendeten Begriffe und rhetorischen Mittel?
4. **Analyse und Identifizierung der Aussage**
   - Was genau will der Verfasser sagen?
5. **Rekonstruktion des historischen Umfelds**
   - Was passierte damals, als das Lied entstanden ist?
6. **Höreindrücke der Musik untersuchen**
   - Wie wirkt die Musik auf den Hörer ("Polaritätsprofil")?
7. **Musik und Text in Beziehung setzen**
   - Wie passt die Musik zum Text?
8. **Die musikalisch-technischen Mittel untersuchen**
   - Womit erzielt die Musik ihre Wirkung (Tonhöhe, Wiederholungen)?
9. **Die historische Wirkung erkunden**
   - Welche Wirkung hatte das Lied früher auf die Menschen?
   - Gibt es Zeugnisse, Quellen darüber?

Projekt Mahnung und Protest – Songs aus der Zeit des Kalten Krieges

Ziel Präsentation einer Untersuchung über einen Song aus der Zeit des Kalten Krieges

Teilziele

Terminplan

Übersetzen des Textes

Informationsbeschaffung über die Entstehung des Songs

Informationsbeschaffung über den historischen Kontext

Präsentationsvorbereitung

Proben der Präsentation

Präsentation

Deutsche Geschichte 1945 bis heute

Arbeitsgrundlagen

⇧ Politikmappe mitbringen

⇧ geplante Vorgehensweise (Projekt- und Zeitplanung)

⇧ mindestens gleiche Gewichtung der Sozialform (Einzelarbeit hat Vorrang vor Partner- oder Gruppenarbeit)

⇧ Alle Quellen müssen angegeben werden (Autor, Buchtitel/EDV-Medium/Internetadresse, Jahr)

⇧ jeweils ein Blatt Papier für einen Begriff verwenden

⇧ am Ende der Unterrichtsstunde werden Arbeitsergebnisse in einer persönlichen Mappe abgeheftet

⇧ Visualisierungen vielfältig nutzen

⇧ verschiedene Formen der Dokumentation nutzen (Quellenanalyse, Brief, Reportage etc.)

⇧ DIN-A5-Arbeitsblatt ist gleichzeitig Rechenschaftslegung und Selbstkontrolle

⇧ Bewertung: 50 % Inhalt, 25 % Medien- und Methodennutzung, 25 % Form

---

Liebe Schülerinnen, liebe Schüler,

in den folgenden Wochen, vom .... bis .... werdet ihr euch mit der Geschichte Deutschlands nach dem Zweiten Weltkrieg selbstständig auseinander setzen. Ihr könnt in Gruppen, einzeln oder mit Partner/in arbeiten. In der Schule steht euch ausreichend Informationsmaterial (Nachschlagewerke, Geschichtsbücher, EDV-Lexika und Internet) zur Verfügung.

Die fünf in Zeitabschnitte unterteilten Themenkomplexe geben euch Stichworte, die ihr historisch vertiefen sollt. Jeder Begriff muss erklärt und in schriftlicher, bildlicher oder visualisierter Form (Quellenanalyse, Reportage, Brief, Bildanalyse, Karikatur etc.) dargestellt werden. Bei der Planung und Durchführung dieser Unterrichtseinheit helfen euch sicher die Kenntnisse, die ihr an Schwerpunkttagen zur Förderung der Lernkompetenz erworben habt. Geht also bitte zielorientiert und geplant vor.

An jedem .... zum Ende der .... Stunde legt ihr eure Arbeitsergebnisse, die ihr kontrolliert und auch bewertet werden, in einer persönlichen Mappe ab. Eure Arbeitsweise sollt ihr selbst überprüfen und mit der Hilfe eines Arbeitsblattes Rechenschaft darüber ablegen.

Am .... fahren wir alle gemeinsam nach Bonn, um uns am Museumstag der Realschule Engel im „Haus der Deutschen Geschichte" die Themenbereiche eurer Arbeiten in einer Ausstellung anzuschauen. Dort könnt ihr dann eure Ergebnisse überprüfen und verbessern.

Viel Spaß und Erfolg!!!

Deutsche Geschichte 1945 bis heute

Last der Vergangenheit und Teilung Deutschlands 1944 – 1949

Stichwort	DDR	BRD	Datum/Zeitraum	erledigt am
Kapitulation				
Flucht und Vertreibung				
Potsdamer Konferenz				
Nürnberger Prozess				

Bitte diese Vorlagen von der CD-ROM ausdrucken.

Bitte diese Vorlagen von der CD-ROM ausdrucken.

Projektarbeit   Museumstag 4

Deutsche Geschichte 1945 bis heute

Bearbeitete Stichworte:

	EA	PA	GA	Mappenseite
	☐	☐	☐	
	☐	☐	☐	
	☐	☐	☐	
	☐	☐	☐	
	☐	☐	☐	

Folgende Methoden/Techniken und Medien habe ich bei der Recherche und/oder der Produktion meiner Arbeiten und Ergebnisse angewandt oder benutzt. Alle Quellen sind angegeben:

Methoden/Techniken	Seite	Medien	Seite
Arbeit mit Nachschlagewerken		Geschichtsbuch	
Informationsbeschaffung		Film	
Mind-Mapping		Tonträger	
Lesetechniken		Geschichtskarte	
Markieren/Strukturieren		Sachliteratur	
Visualisierungstechniken		Bild	
		Internet	
		mündliche Information	

 Projektarbeit   Mahnung und Protest 3

Polaritätsprofil

	sehr	ziem- lich	etwa s	etwa s	ziem- lich	sehr	
kräftig							gedämpft
kühl							gefühlvoll
angenehm							unangenehm
feierlich							ungezwungen
angespannt							gelöst
geordnet							zufällig
volltönend							dünn
kontrastreich							einförmig
gehemmt							schwungvoll
vertraut							ungewohnt
ausdrucksvoll							matt
traurig							froh
vergnügt							ernst
aufdringlich							zurückhaltend
einfach							kompliziert
vorwärtsstrebend							ruhend
geheimnisvoll							durchschaubar
zurückhaltend							mitreißend
lebhaft							müde
interessant							langweilig
merkwürdig							vertraut
eckig							rund
oberflächlich							tiefsinnig
bewegungsanregend							beruhigend
...							...
...							...
...							...

Schöpfung

Aufgabe:

- Erschließt euch die Inhalte der Schöpfungsberichte der Bibel mit Hilfe der euch bekannten Techniken. (Gen. 1,1-2,25). Bedenkt dabei, dass diese Berichte ursprünglich in ihrer Zeit für die Menschen dieser Zeit geschrieben wurden.
- Welche Vorstellung von der Erde wird aus den Berichten deutlich?
- Stellt die Inhalte der Berichte dem Weltbild zur Zeit der Babylonier (ca. 2000 v. Chr.), zur Zeit des Ptolemäus (ca. 140 n. Chr.), zur Zeit des Kopernikus (ca. 1600 n. Chr.) und dem Stand der Wissenschaft heute gegenüber.
- (Hinweis: pro Gruppe nur eine Gegenüberstellung!)

- Sucht in der Gruppe Parallelen und Widersprüche und findet dafür Begründungen. Während der Erarbeitungsphase und bei der Präsentation könnt ihr beliebig unter allen euch bekannten Methoden und Techniken wählen.

- Eine angemessene Zeitplanung gehört genauso zu euren Aufgaben wie die Materialbeschaffung, Informationsbeschaffung und Realisierung eurer Vorstellungen.

- Betrachtet man die Schöpfungsberichte als Werke ihrer Zeit und nicht als Tatsachenberichte mit heutiger Gültigkeit, wird ihr Gewicht als Glaubensaussagen erst richtig deutlich. Diskutiert dies in der Gruppe und bringt die Ergebnisse in eure Präsentation mit ein.

Folgende Materialien könnt ihr beim Lehrer bekommen:

_____

Folgendes steht euch zur Informationsbeschaffung während der Gruppenarbeitsstunden zur Verfügung:

_____

_____

Präsentation aller Ergebnisse ist am: ....

Die Autorinnen und Autoren

RALF DORNBUSCH, geb. 1963, hat in Bremen studiert und unterrichtet Geschichte und Sport.

TOBIAS KUNZE, Jahrgang 1967, Studium in Bielefeld. Er unterrichtet Religion und Sport.

HARALD MÜLLER, geb. 1968, hat in Heidelberg und Hildesheim studiert. Er unterrichtet die Fächer Geografie, Kunst und Biologie.

SUSANNE RAVE, geb. 1966, hat in Bielefeld studiert. Sie unterrichtet in den Fächern Religion und Englisch.

VERENA SPEER-RAMLOW, Jahrgang 1973. Sie hat in Paderborn studiert und unterrichtet Geografie und Deutsch.

GUDULA STAMM, geb. 1965, hat in Bielefeld und Bordeaux studiert. Sie unterrichtet Geschichte und Sozialwissenschaften.

Literatur

Allgemein

DIE SCHULE IN NORDRHEIN-WESTFALEN: Richtlinien und Lehrpläne Realschule, Geschichte, 3316, Düsseldorf, 1994.

REALSCHULE ENGER: Lernkompetenz I – Bausteine für eigenständiges Lernen 5./6. Schuljahr, 3. Aufl., Cornelsen Verlag Scriptor, Berlin 2002.
REALSCHULE ENGER: Lernkompetenz II – Bausteine für eigenständiges Lernen 7. – 9. Schuljahr, 2. Aufl., Cornelsen Verlag Scriptor, Berlin 2002.

VESTER, FREDERIC: Denken, Lernen, Vergessen. Deutscher Taschen Verlag, München 1987.

Geschichte

CIPOLLA, CARLO M., BORCHARDT, KNUT (HG.): Europäische Wirtschaftsgeschichte, Band 4, Stuttgart/New York 1985.

DOEPNER, THOMAS: Fund – Befund – Rekonstruktion. Die „Schuhkartonhöhle" als Lernerfolgskontrolle. In: Geschichte lernen Heft 70, Juli 1999, Friedrich Verlag, Seelze.
DTV-ATLAS WELTGESCHICHTE: Band 1, 32. Aufl., Deutscher Taschenbuch Verlag, München 1998.
DTV-ATLAS WELTGESCHICHTE: Band 2, 32. Aufl., Deutscher Taschenbuch Verlag, München 1998.

ENTDECKEN UND VERSTEHEN 1, Cornelsen, Berlin 1996.
ENTDECKEN UND VERSTEHEN 2, Cornelsen, Berlin 1995.
ENTDECKEN UND VERSTEHEN 3, Cornelsen, Berlin 1996.

GESCHICHTE KONKRET 1: Ein Lern- und Arbeitsbuch, Schroedel, Hannover 1996.
GESCHICHTE KONKRET 2: Ein Lern- und Arbeitsbuch, Schroedel, Hannover 1997.
GESCHICHTE KONKRET 3: Ein Lern- und Arbeitsbuch, Schroedel, Hannover 1998.

HAUS DER GESCHICHTE DER BUNDESREPUBLIK DEUTSCHLAND (HG.): Ein Buch zur Ausstellung Erlebnis Geschichte. Gustav Lübbe 1996.

KNOPP, GUIDO: Hitlers Helfer. C. Bertelsmann. München Sonderausgabe 2000.

MAI, MANFRED: Deutsche Geschichte, Beltz & Gelberg, Weinheim und Basel 1999.
MAI, MANFRED: Weltgeschichte, Carl Hanser, München 2002.

OSBURG, FLORIAN: Tafelskizzen für den Geschichtsunterricht. Diesterweg, Frankfurt am Main 1994.

PARIGGER, HARALD (HG.): Die Fundgrube für den Geschichts-Unterricht. 2. Aufl., Cornelsen Verlag Scriptor, Berlin 1999.

PUTZGER HISTORISCHER WELTATLAS: 102. Aufl., Cornelsen, Berlin 1997.

ZEITREISE 1: Geschichtliches Unterrichtswerk für die Sekundarstufe I, Ernst Klett Schulbuchverlag, Leipzig 1997.

ZEITREISE 2: Geschichtliches Unterrichtswerk für die Sekundarstufe I, Ernst Klett Schulbuchverlag, Leipzig 1999.

ZEITREISE 3: Geschichtliches Unterrichtswerk für die Sekundarstufe I, Ernst Klett Schulbuchverlag, Leipzig 1999.

Religion

DIE BIBEL, LUTHERÜBERSETZUNG, HRSG. DEUTSCHE BIBELGESELLSCHAFT, Stuttgart.

Geographie

GEOGRAPHIE, MENSCH UND RAUM 9/10, Cornelsen, 1997.

Ideen für Ihren Unterricht

Hilke Günther-Arndt (Hrsg.)
Geschichts-Didaktik
Praxishandbuch
für die Sekundarstufe I und II
296 Seiten mit Abb., Paperback
ISBN 3-589-21858-4

In diesem Praxishandbuch finden Sie wissenschaftliche Grundlagen und praktische Hilfen für den Unterrichtsalltag:
- *Geschichtsunterricht, Geschichtswissenschaft und Geschichtskultur,*
- *entwicklungs- und lernpsychologische Grundlagen historischen Lernens,*
- *Lehr- / Lernszenarien,*
- *neue Medien und historische Quellen,*
- *interkulturelles Lernen,*
- *fächerverbindender und fächerübergreifender Unterricht*

Peter Kührt
Computer, Internet & Co.
im Politik- und Sozialkunde-Unterricht
240 Seiten mit Abb., Paperback
ISBN 3-589-21630-1

Sie finden hier Projekte, Adressen, Tipps u.a. zu Themen wie staatliche Institutionen, politische Willensbildung, Recht und Unrecht, Deutschland und seine Geschichte sowie Europa und die Wirtschaft.
Die Vorschläge sind auch fächerübergreifend verwendbar.

Cornelsen Copy Center
jeweils 96 Seiten, Paperback

Almut Löbbecke (Hrsg.)
Mein Glaube – dein Glaube:
Juden · Christen · Muslime
Kopiervorlagen für das 5./6. Schuljahr
ISBN 3-589-21649-2

Almut Löbbecke (Hrsg.)
Zwischen Geburt und Tod:
Lebensfragen
Kopiervorlagen für das 7.-10. Schuljahr
ISBN 3-589-21586-0

Wolfgang Osiander
Preußen, Österreich
und das Deutsche Reich
Kopiervorlagen für das 8./9. Schuljahr
ISBN 3-589-21583-6

Wolfgang Osiander
Vom Kolonialismus zum Imperialismus
Kopiervorlagen für das 9. Schuljahr
ISBN 3-589-21584-4

Sigrid Deinzer/Knut Richartz/
Kerstin Stöckel
Deutschland und die geteilte Welt
nach 1945
Kopiervorlagen für das 10. Schuljahr
ISBN 3-589-21688-3

Fragen Sie bitte
in Ihrer Buchhandlung!

Die Lern- und Arbeitskultur fördern

Systemvoraussetzungen:

- Pentium-PC mit MS Windows 95b, 98, ME, NT 4.0, 2000 oder XP, Bildschirm-auflösung 800 x 600 mit mind. 16 Bit und empfohlenen 24 Bit Farbtiefe
- CD-ROM-Laufwerk
- MS Word ab Version Office 97
- aktiver Internetzugang

Das Trainingsprogramm läuft nur mit eingelegter CD-ROM und ist mit einem Kopierschutz versehen.

Hinweis:

Unter Office 97 kann es beim Schließen der Word-Dokumente vorkommen, dass Sie von der Anwendung gefragt werden, ob Sie Änderungen speichern möchten, obwohl Sie keine Änderungen vorgenommen haben. Bitte wählen Sie „Nein" und fahren mit Ihrer Arbeit fort. Die Abfrage erscheint, weil Word die verwendeten Formatierungen konvertieren muss.